„ALLAH"

WIE IHN HAZRETI MOHAMMED ERLÄUTERT

AHMED HULUSI

Copyright © 2014 **Ahmed Hulusi**
All rights reserved.
ISBN-10: 069224560X
ISBN-13: 978-0692245606

„ALLAH"

WIE IHN HAZRETI MOHAMMED ERLÄUTERT

AHMED HULUSI

www.ahmedhulusi.org/de/

Übersetzung Susanne Öz

Überarbeitung der Edition 2014
Gökhan Bekensir, Tariq Mir

ÜBER DEN BUCHUMSCHLAG

Der schwarze Hintergrund auf der Vorderseite des Buches repräsentiert Dunkelheit und Ignoranz während die weiße Farbe der Buchstaben Licht und Wissen repräsentiert.

Das Symbol ist eine Kufi-Kalligrafie des Wortes der Einheit: **„La ilaha illAllah; Mohammed Rasulallah." Dies bedeutet, es gibt keinen „Gott" oder Gottesbegriff, es gibt nur das, worauf mit dem Namen Allah hingewiesen wird und Mohammed (FsmI) ist der Rasul (das Gehirn, wo sich dieses Wissen entfaltet) dieses Verständnisses**.

Die Platzierung dieser Kalligrafie, welche sich über allem anderen auf dem Umschlag befindet, ist eine symbolische Repräsentation der vorherrschenden Wichtigkeit, welche dieses Verständnis im Leben des Schriftstellers innehat. Das grüne Licht, welches reflektiert wird vom Fenster des Wortes der Einheit, öffnet sich von der Dunkelheit zur Helligkeit heraus, um das Licht von Allahs Rasul zu erleuchten. Dieses Licht wird verkörpert im Titel des Buches durch die Feder des Schriftstellers und wird konkretisiert mit der weißen Farbe, um die Erleuchtung zu beschreiben, die der Schriftsteller in diesem Feld versucht zu erzielen. Während das Wissen von Allahs Rasul sich verbreitet, erlangen diejenigen, die fähig sind dieses Wissen zu bewerten, Erleuchtung. Dies wird durch den weißen Hintergrund auf der Rückseite des Buchumschlags repräsentiert.

Wie alle meine Werke ist dieses Buch nicht durch Urheberrechte geschützt. So lange es mit dem Original in Übereinstimmung ist, kann es frei gedruckt, reproduziert, veröffentlicht und übersetzt werden. Denn für das Wissen um ALLAH darf man keinen Lohn erwarten.

AHMED HULUSI

VORWORT ZUR NEUEN EDITION

Sehr verehrte Leser,

dies ist die überarbeitete Version des Buches **„Allah, wie ihn der Prophet Mohammed beschreibt"**.

Die Problematik des Titels fängt mit dem Wort **„Prophet"** an.

Das Ziel des Buches ist ja, den Unterschied zwischen dem **Gottesbegriff**, den viele Menschen haben und **demjenigen, der Allah genannt wird**, zu erklären.

Im Koran werden in der Originalsprache (Arabisch) anstelle von Prophet nur die Wörter Rasul und Nabi benutzt.

Die Definitionen von Rasul und Nabi sind aber unterschiedlich.

Menschen wie Abraham, Moses und Jesus werden im Koran als Rasuls <u>und</u> Nabis bezeichnet, und so auch Mohammed (Friede sei mit ihnen allen).

Gemäß dem Koran – damit der Mensch überhaupt wissen kann, was die Wahrheit darstellen soll – sind auf der Erde Rasuls und Nabis erschaffen worden. Sie verkünden den Menschen, was die Wahrheit von allem Sein darstellt – vor allem ihre eigene Wahrheit, also die Wahrheit des Daseins, des Selbst. Das ist die Aufgabe der Rasuls.

Das Wort Rasul bedeutet wortwörtlich im arabischen Sprachgebrauch „Gesandter", in dem Sinne, dass ein Mensch gesandt ist, um eine bestimmte Botschaft zu verbreiten. Wenn man also der Rasul von Allah ist, dann wird die Botschaft darüber verbreitet, was der Name Allah darstellt. Und dieses Wissen entfaltet sich durch den Vorgang der Offenbarung (Wahiy) im Gehirn eines Rasuls. Von daher ist die eigentliche Definition von „Rasul" folgendes Verständnis:

Rasul bedeutet, dass die „Risalat" (= Entfaltung) des Wissens über das absolute und wahre „Ich" – also das wahre herrschende Bewusstsein im ganzen Universum – im Gehirn eines Menschen geschieht. Es ist ein Gehirn, welches nicht begrenzt ist durch die Wahrnehmung des elektromagnetischen Spektrums der fünf Sinne und deshalb mehr wahrnimmt aufgrund des Vorgangs, welcher „Wahiy", also Offenbarung, genannt wird. In diesem Fall entsteht Wissen über das wahre Selbst und zwar nicht in Form des Selbst, welches sich aufgrund der fünf Sinne nur aus Fleisch und Blut bestehend wahrnimmt.

Aber im Koran wird auch von einem Nabi gesprochen:

Ein solcher ist derjenige, der aufgrund der „Entfaltung" (Risalat) des Wissens um „Allah" – des wahren ICHs im Universum – das System von Allah (Sunnatullah genannt), also die Ordnungsgesetze des Universums – liest und entschlüsselt.

Der Nabi ist also jemand, dem Offenbarung darüber zuteil wird, wie der Eine und Einzige im Universum die Dinge tut, wie Er nunmal will. Dies ist wichtig, damit der Mensch für das Leben nach dem Tod vorbereitet sein kann, denn er wird sich wieder in einem bestimmten System wiederfinden, welches wie in diesem Leben auch nach einer bestimmten Gesetzmäßigkeit funktioniert, nur in einer anderen Dimension, mit einer anderen Wahrnehmung über sich selbst und die Umwelt.

VORWORT ZUR NEUEN EDITION

Sehr verehrte Leser,

dies ist die überarbeitete Version des Buches „**Allah, wie ihn der Prophet Mohammed beschreibt**".

Die Problematik des Titels fängt mit dem Wort „**Prophet**" an.

Das Ziel des Buches ist ja, den Unterschied zwischen dem **Gottesbegriff**, den viele Menschen haben und **demjenigen, der Allah genannt wird**, zu erklären.

Im Koran werden in der Originalsprache (Arabisch) anstelle von Prophet nur die Wörter Rasul und Nabi benutzt.

Die Definitionen von Rasul und Nabi sind aber unterschiedlich.

Menschen wie Abraham, Moses und Jesus werden im Koran als Rasuls und Nabis bezeichnet, und so auch Mohammed (Friede sei mit ihnen allen).

Gemäß dem Koran – damit der Mensch überhaupt wissen kann, was die Wahrheit darstellen soll – sind auf der Erde Rasuls und Nabis erschaffen worden. Sie verkünden den Menschen, was die Wahrheit von allem Sein darstellt – vor allem ihre eigene Wahrheit, also die Wahrheit des Daseins, des Selbst. Das ist die Aufgabe der Rasuls.

Das Wort Rasul bedeutet wortwörtlich im arabischen Sprachgebrauch „Gesandter", in dem Sinne, dass ein Mensch gesandt ist, um eine bestimmte Botschaft zu verbreiten. Wenn man also der Rasul von Allah ist, dann wird die Botschaft darüber verbreitet, was der Name Allah darstellt. Und dieses Wissen entfaltet sich durch den Vorgang der Offenbarung (Wahiy) im Gehirn eines Rasuls. Von daher ist die eigentliche Definition von „Rasul" folgendes Verständnis:

Rasul bedeutet, dass die „Risalat" (= Entfaltung) des Wissens über das absolute und wahre „Ich" – also das wahre herrschende Bewusstsein im ganzen Universum – im Gehirn eines Menschen geschieht. Es ist ein Gehirn, welches nicht begrenzt ist durch die Wahrnehmung des elektromagnetischen Spektrums der fünf Sinne und deshalb mehr wahrnimmt aufgrund des Vorgangs, welcher „Wahiy", also Offenbarung, genannt wird. In diesem Fall entsteht Wissen über das wahre Selbst und zwar nicht in Form des Selbst, welches sich aufgrund der fünf Sinne nur aus Fleisch und Blut bestehend wahrnimmt.

Aber im Koran wird auch von einem Nabi gesprochen:

Ein solcher ist derjenige, der aufgrund der „Entfaltung" (Risalat) des Wissens um „Allah" – des wahren ICHs im Universum – das System von Allah (Sunnatullah genannt), also die Ordnungsgesetze des Universums – liest und entschlüsselt.

Der Nabi ist also jemand, dem Offenbarung darüber zuteil wird, wie der Eine und Einzige im Universum die Dinge tut, wie Er nunmal will. Dies ist wichtig, damit der Mensch für das Leben nach dem Tod vorbereitet sein kann, denn er wird sich wieder in einem bestimmten System wiederfinden, welches wie in diesem Leben auch nach einer bestimmten Gesetzmäßigkeit funktioniert, nur in einer anderen Dimension, mit einer anderen Wahrnehmung über sich selbst und die Umwelt.

Das Bekenntnis zur Einheit

ALLAHs Kalima-i Tawhid

لَاَاِلَهَ اِلَّااللّٰه

La ilaha ill-Allah

Es gibt keinen Gott, einzig ALLAH (existiert).

„Sie haben nicht ALLAH (derjenige, der mit diesem Namen bezeichnet wird) **gebührend bewertet.**"

KORAN, 22:74

„Hast du diejenigen gesehen, die ihre unbegründete Idee zum Gott erhoben haben?"

KORAN, 45:23

„**Dreh dich nicht zu einem Gott** (äußere Kraft) **neben ALLAH.**"

KORAN, 28:88

„**Sag: ALLAH und lasse sie mit ihrem leeren Gerede** (ihrer illusorischen Welt) **alleine ...!**"

KORAN, 6:91

INHALT

Einführung...1

1. Von „Gott" zu „Allah"...5

2. Was besagt das Bekenntnis der Einheit?............................9

3. „Anbeten" und „Dienen"...13

4. Die Erklärung der „Ikhlas" Sure......................................21

5. Lassen Sie uns unabhängig von unseren fünf Sinnen denken...25

6. Allah ist über einen Mittelpunkt erhaben.........................29

7. Allah ist frei von jeglicher Reflexion................................33

8. „Allah ist Samad"...37

9. Was bedeutet: Allah hat nicht geboren?...........................39

10. Was bedeutet: Allah ist nicht geboren?...........................41

11. Die Beschreibung Allahs im Koran.................................43

12. Allah ist kein Gott!...47

13. Dem „Selbst" (Nafs) unrecht zufügen ... was versteht man darunter?...51

14. Von wo aus entsteht in der grenzenlosen Einheit die Vielfältigkeit?...55

15. Das Wissen um den „Punkt"..61

16. Namen..65

17. Der Punkt ist die Realität, die Projektion ist die Illusion *69*

18. Die Wahrheit, welche mit dem Namen „Hu" bezeichnet wird *71*

19. Über die Funktionen des Gehirns *75*

20. Wissenswertes über das Thema Schicksal (arab. Kadar) *81*

21. Was ist Illusion? *107*

22. Das System des Lebens *115*

23. Was ist der Tod …? Das wahre Gesicht des Todes *125*

24. Die religiösen Handlungen sind für die eigene Person *139*

25. Was ist Zikir (Erinnerung an die essentielle Wahrheit)? ... *145*

26. Der „Schleier" der Konditionierungen *149*

27. Die Handlungen sind das Spiegelbild der Person *155*

28. Die Einheit der Existenz (Wahdat-i-Wudjud) oder Bezeugung der Einheit (Wahdat-i-Schuhud)? *161*

Über den Autor *167*

EINFÜHRUNG

Der Titel dieses Buches lautet: **„MOHAMMEDs ALLAH"**.

Vielleicht für viele von uns ein verwirrender Titel...!

Warum nicht einfach **„ALLAH"**, sondern **„MOHAMMEDs ALLAH"?**

Wir werden in diesem Buch, soweit es in unserer Kraft liegt, zu erklären versuchen, dass **ALLAH** kein Gott ist und der durch falsches Wissen und vorgefasste Meinungen in unserem Kopf entstandene „Gottesbegriff" niemals mit dem vom **Rasulallah Mohammed (FsmI)** verkündeten **ALLAH** übereinstimmt.

Vom Primitivsten bis zum Gebildetsten hat jeder in seiner Vorstellung einen **„Gott"** ... Ihn liebt er, ihm zürnt er, von Zeit zu Zeit verurteilt er ihn wegen seiner „Fehler", wir denken ihn uns als einen „Großvater" oder einen „allmächtigen Herrscher", der dort oben irgendwo auf einem Stern oder im freien Raum existiert ...!

Die etwas Weiterdenkenden unter uns sagen, dass der **„Gott"** unserer Vorstellung so nicht existieren kann und sagen: **„Wir glauben nicht an Gott."** Jene sind Atheisten. Doch in Wahrheit haben weder Atheisten noch die bedingungslos dem Glauben an einen Gott ihrer Vorstellung Anhängenden eine Ahnung von **„ALLAH"**, **wie ihn Sein Rasul Mohammed erläutert.**

Was bedeutet **„Allah, wie ihn Sein Rasul Mohammed erläutert"?**

Um eben dies zu erklären, haben wir dieses Buch geschrieben ...! Der Rasul von Allah **Mohammed** (Friede sei mit ihm) hat uns von der Existenz **ALLAHs** benachrichtigt, er hat ihn erläutert, erklärt und versucht, uns „Hu" begreiflich zu machen. In dem Umfang, in dem wir ihn verstanden haben, versuchen wir Ihnen auf den nachfolgenden Seiten „Allah" zu erklären ...

Unser Ausgangspunkt ist **die IKHLAS Sure des heiligen Korans ...**, die uns allen bekannt ist als „**Kul: Hu wAllahu AHAD" – „Sprich: Allah ist wahrhaftig Eins!";** deren tiefer Sinn den meisten aber verborgen ist ...

Diese Sure wurde als **gleichwertig mit einem Drittel des Korans** übermittelt ...!

Der Dumme ist unwissend; der Beschränkte weiß nicht, dass er unwissend ist; stupide ist derjenige, der nicht begreift, dass er nichts begriffen hat ...!

Im heiligen Buch des Koran wird großen Wert auf den Verstand gelegt und er wendet sich stets an diejenigen, die ihren Verstand benutzen ... Der Koran tadelt diejenigen, die ihren Verstand nicht gebrauchen und fordert die Menschen auf, durch den Gebrauch ihres Verstandes die Wahrheit zu erkennen ...!

Manche Personen, die ihren Verstand nicht benutzen können, kein Denkvermögen besitzen und sich trotzdem für Intellektuelle halten, da sie Lesen und Schreiben gelernt haben, präsentieren in ihren Schriften das wirkliche Niveau ihres Verstandes, indem sie die Primitivität des „Koran-Gottes" betonen und so einen Stützpfeiler gegen den Atheismus zu schaffen suchen ...

Hätten sie nur ein wenig Vernunft, so wäre es ihnen sicherlich ein Anliegen, erst einmal das Thema genau zu untersuchen ... Wenn sie dies nicht tun und damit fortfahren, ihre auf falschem Wissen aufgebauten Verleumdungen weiter zu verbreiten, so müssen sie mit Sicherheit die Folgen dafür auf sich nehmen.

Eigentlich versteht man den Inhalt der Aussage des Rasulallah Mohammed (FsmI): „**Es gibt keine anzubetenden Götter, es existiert einzig**

Allah!", mit der er das Thema der Religion eröffnet, bis zum heutigen Tag nicht richtig ...! Die westliche Welt nähert sich dem Thema falsch mit ihrer Annahme, dass Allah ein Hochgott sei, der noch größer als der Gott, von dem sie gehört haben, ist und verfolgt aus diesem Grunde einen Kurs, der weit von dem wirklichen Ziel entfernt ist ...!

Die islamische Gemeinschaft hat im Allgemeinen, wie ich zu meinem Leidwesen betonen muss, **„Allah",** wie ihn der Hazrat *(A. d. Ü.: ein Ehrentitel für jemanden mit einer höheren Bewusstseinserfahrung)* Mohammed erläutert hat, nicht erkannt und betet einen einem „Himmelsgott" gleichkommenden **„Allah"** an. Während unzählige, endlose Diskussionen über zahllose Formen und Ziele des Themas weitergehen, werden die Kernpunkte der Religion, der Glaube an „Allah" und die im Gebet „Amantu" festgelegten Belange des Glaubens, nicht beachtet. Aus diesem Grunde werden zahllose Fehler als Wahrheit anerkannt und als Fundament für den Aufbau des Glaubens benutzt.

Das Fundament der islamischen Religion ist das Wissen um denjenigen, der „ALLAH" genannt wird ...!

„Es gibt keinen anzubetenden Gott, einzig Allah existiert!"

Auch folgende Bedeutung geht aus dieser Erklärung hervor:

„ALLAH ist kein Gott!"

Ja, wenn das so ist, was ist dann **ALLAH**?

Dem Rasulallah Mohammed (Alayhi Salaam – Friede sei mit ihm) wurde die Antwort auf die Frage „Was ist Allah?" im Koran offenbart und er forderte fortan die Menschen auf, keine Götter anzubeten, er warnte sie davor, von den „Göttern ihrer Vorstellung" Beistand zu erwarten und ihre Zukunft dadurch zu gefährden.

3

ALLAH

Der Hazrat **Mohammed,** der uns den Koran überbracht hat, erklärte, **dass es keinen Gott gibt, dass einzig Allah existiert,** dass das Leben auf ein System gegründet ist und dass auf denjenigen, der die im System notwendigen Tätigkeiten nicht ausführt, als Folge seiner eigenen Handlungen große Strafen zukommen werden.

Wenn sich das so verhält, dann ist es für uns am wichtigsten, **ALLAH** zu erkennen und zu verstehen, was das Leben nach dem Tode darstellt, damit wir uns darauf vorbereiten können ...

Sollten wir jedoch auf diesem Weg keine Handlungen ausführen und unser Leben für die Dinge vertun, die wir auf der Welt zurücklassen werden, so müssen wir wissen, dass wir das Versäumte niemals nachholen können.

Kommen wir nun nach dieser kurzen Einleitung zu **„Allah, wie ihn Sein Rasul Mohammed erläutert"**. Lassen Sie uns sehen, wie derjenige, der Allah genannt wird, vom Rasul, also Mohammed (Friede sei mit ihm), nun auch tatsächlich beschrieben wird ...

AHMED HULUSI

1

VON „GOTT" ZU „ALLAH"

Der Mensch, der Jahrhundert um Jahrhundert mit der Hilflosigkeit belastet war, sehr viele Dinge nicht bewältigen zu können, lebte in der Hoffnung, von irgendetwas Hilfe und Beistand zu erhalten und betet im Maße seines Begriffsvermögens Dinge an. Er lebte in der Zuversicht, von diesen Dingen Hilfe und Beistand zu erhalten.

Diese Anbetung, das Hoffen auf Beistand und das Bitten um Erfolg führte die Menschen natürlich zu der Hinwendung an verschiedene Götter und gemäß ihren Wünschen erwarteten sie von ihnen Unterstützung. Der Mensch, der sich in seiner Hinwendung, in seinem Verlangen nach Kraft und Hilfe an verschiedene Dinge wandte, von denen er Unterstützung erwartete, sah diese Gegenstände als **Götter** an und so **begann die Verehrung von Göttern**.

Der Mensch, der seine **Götter** zunächst von der Erdoberfläche wählte, betete Erze, Pflanzen und Tiere an ... Später, als er herausfand, dass diese Dinge genauso sterblich sind wie er selbst und als die Rasuls und Nabis (A. d. Ü.: *diejenigen, die aufgrund der „Entfaltung" – „Risalat" – des Wissens über Allah das System von Allah – Sunnatullah genannt, also die Ordnungsgesetze des Universums – lesen und entschlüsseln*) von Allah ihm klarmachten, dass die Lebewesen auf der Welt keine Götter sein können, gaben die Menschen die Anbetung dieser Götter auf. Jetzt wandten sie sich jedoch den Dingen am Firmament zu und begannen, **die Sterne als Götter** zu verehren ...

Alles, was der Mensch nicht bewältigen, dessen Geheimnisse er nicht lösen konnte, stellte für ihn eine geheimnisvolle Kraft dar und wurde zu einem **göttlichen Begriff** erhoben.

Doch die Vorstellung **eines Gottes im Himmel oder auf der Erde** ist nur eine Hypothese, welche den heutigen wissenschaftlichen Erkenntnissen total entgegengesetzt ist ... Außerdem widerspricht auch **der Koran** dieser Hypothese durch das **Bekenntnis der Einheit** und der Feststellung **„Es gibt keinen Gott ...!"**

Durch das Anbeten von Feuer und Sternen vor hunderten von Jahren und die Annahme einer Existenz von **Göttern** haben sich die Menschen selbst in einen Kokon eingesperrt. In den späteren Perioden haben sie sich, da sie fern davon waren zu denken, durch Überlieferungen und Zwänge ihrer Umgebung zu Sklaven ihrer **Götter** machen lassen. Natürlich wurden die Kokons, in denen sie gefangen waren, mit der Zeit immer dicker, so dass sie sich nicht mehr daraus befreien konnten!

Als Hazret **Mohammed** (Friede sei mit ihm) in Mekka zum Rasul und Nabi wurde von demjenigen, der **ALLAH** genannt wird, gab es alleine in der Kaaba **360 Götzenstatuen**, welche verschiedene **Götter** symbolisierten ...! Die Menschen gaben sich damit zufrieden, diese 360 Götzenstatuen, die verschiedene Aufgaben erfüllende Götter darstellten, anzubeten ...

Sie konnten sich nicht vorstellen, dass es auf der Erde oder am Firmament **keine Götter** geben könnte, denn sie hatten von den wirklichen Dimensionen des Kosmos noch keine Vorstellung ...!

Dann glaubte man an einen Gott, der auf der Welt oder auf einem Stern am Firmament sitzend die Welt und die Menschen darauf regiert, sich mal in ihre Angelegenheiten einmischt und sie dann wieder durch Alleinlassen prüft, der von oben das Tun der Menschen beobachtet und versucht, sie kennenzulernen, um endlich diejenigen, welche mit ihrem Tun sein Wohlgefallen erregen, ins Paradies und die Ungehorsamen in die Hölle zu schicken ...!

Und der Mensch, der sich in dieser falschen Vorstellung befand, machte allerhand Unsinniges, um das Wohlwollen seiner **Götter** zu erlangen... **Hazrat Umar (R.a.)** berichtet davon, dass sie Gebäckstücke in der Form ihres **„Gottes"** herstellten, vor denen sie erst in Anbetung verharrten, um sich dann niederzusetzen und das Abbild ihres „Gottes" aufzuessen ... Ja, sie waren so sehr in ihre falschen Vorstellungen verstrickt, dass sie nicht davor zurückschreckten, ihre achtjährige Tochter lebendig zu begraben, um ihren **Gott** günstig zu stimmen ...!

„Gott" bedeutet „ein anzubetendes Wesen" ..., das gelobt, verehrt und angebetet wird. Dafür erhofft sich der Mensch die Erhörung und Erfüllung seiner Bitten und Wünsche von seinem „Gott" ...

Dieser Gott wird dir einige Gebote auferlegen, die du auszuführen hast, um sein Wohlwollen zu erhalten, damit er dich ins Paradies einlässt; damit er dir die zahllosen Schönheiten dieser Welt schenkt. Oder du sträubst dich mit deinem Verstand und deinem freien Willen gegen diese Befehle und wirst so die Feindschaft des „Gottes" ernten, der deshalb an dir Rache üben wird und du ziehst dir vielfältige Qualen zu ...!

Zu der Zeit, als **Hazreti Mohammed zum Rasul von Allah** wurde, verehrten die Menschen diesem falschen, nutzlosen und primitiven Glauben zufolge ihre **Götter** und der Rasul tat alles in seiner Kraft stehende, um die Menschen von der Anbetung der Götter abzubringen ...

Mit der Botschaft **„Es gibt keine Götter, alleinig ALLAH existiert"** begann der **Rasul Allahs Mohammed,** die Menschen auf die Wahrheit hinzuweisen und er fasste diese Wahrheit in dem **KALIMA-I TAWHID,** dem **Bekenntnis der Einheit** *(A. d. Ü.: wortwörtlich: das Wort der Einheit)* zusammen ...

Welche Bedeutung hat das **Bekenntnis der Einheit ...?**

2

WAS BESAGT DAS BEKENNTNIS DER EINHEIT?

Der Satz: **„LA ILAHA ILLALLAH"** bildet das Fundament der **islamischen Religion.**

Was bedeutet **„La ilaha illAllah"?**

Wenn wir es einfach übersetzen:

„Es gibt keinen Gott, einzig ALLAH existiert".

Aber wenn wir uns mit den einzelnen Worten auseinandersetzen ...

„LA ILAHA": „LA" bedeutet: **„es gibt nicht", „ILAH"** bedeutet **„Gott",** die Bedeutung ist: **Es gibt keinen anzubetenden Gott!**

Geben Sie bitte auf folgenden Punkt acht ...

Das Bekenntnis der Einheit beginnt mit „LA ILAHA" und hat an seinem Anfang eine ausdrückliche Bestimmung: **„Es gibt kein anzubetendes Wesen!" –„LA ILAHA"!**

Nun folgt eine weitere Erläuterung: ... **ILLA heißt einzig „ALLAH" existiert ...!**

„ILLA ALLAH" bedeutet: **einzig ALLAH existiert ...!**

Hier gibt es ein sehr wichtiges Thema, auf das ich besonders hinweisen möchte ...

Es gibt einen gravierenden Irrtum, in den manche Personen, egal welchem Rang sie angehören, verfallen – Personen, welche sich der Religion, die weit entfernt vom Denken nur auf den Verbalismus gegründet ist, nähern ... Sie verfallen in den Fehler, die Mahnung **„La ilaha illAllah"** nach den allgemeinen arabischen Sprachregeln zu interpretieren ...

Sagt man **„La radjula illa Ali"**, so kann man das in unserer Sprache mit **„Es gibt keinen anderen Mann wie Ali"** oder **„Es gibt keinen Mann wie Ali"** oder auch mit **„Als Mann gibt es keinen wie Ali"** übersetzen ...

Wird aber das Wort **„illa"** neben dem Wort **„ALLAH"** benutzt, so kann man dies niemals in der Form von **„Es gibt keinen Gott wie Allah"**, also im Sinne von **„Es gibt andere Götter, aber die sind nicht so wie Allah"** übersetzen ...!

Auch sollten wir diesen Aspekt genau verstehen:

So wie die Nachsilbe **„Kana"** – die der Vergangenheitsform des deutschen Verbs „sein", also **„war"** entspricht – im Zusammenhang mit dem Wort **„ALLAH"** ihre sprachgebräuchliche Bedeutung verliert und in die Gegenwart von „sein", also in „ist", umgewandelt wird, so verliert auch das Wort **„illa"**, wenn es im Zusammenhang mit **„ALLAH"** verwendet wird, seine allgemeine Bedeutung und wird mit **„ausschließlich"** oder **„einzig"** übersetzt ...

Geben wir ein Beispiel mit **„kana"**:

Wir können den Satz **„KanAllahu Ghafuran Rahima"** nicht mit **„Allah war Ghafur und Rahim"** übersetzen, da das Wort **„war"** neben dem Namen **„Allah"** keinen Sinn ergibt, da **Allah** über einen Begriff von Vergangenheit erhaben ist ...

In gleicher Weise versteht sich das Wort **„ilah"** im Zusammenhang mit **Allah** niemals als **„wie"** oder **„anderen"**, sondern es muss immer mit der Bedeutung **„ausschließlich/einzig/alleinig"** verwendet werden ...!

Denn **„Allah"** duldet keine andere Existenz neben sich, das Vorhandensein eines anderen Wesens **außerhalb „Allahs"** kann nicht akzeptiert werden ...!

Eben aus diesem Grund ergibt sich die Notwendigkeit, Zusätze wie **„illa"** und **„kana"**, welche die Person beschreiben, im Zusammenhang mit dem Namen **Allah** aus ihrer allgemeinen Bedeutung im normalen Sprachgebrauch herauszulösen und in einem dem Namen „Allah" gemäßen Sinn zu verwenden ...

Tun wir das nicht, so ergibt sich ein Sinn, der einen **Gott** im **Jenseits** oder einen weit von uns entfernten **Gott** beschreibt. Wenn wir uns an diese Tatsachen halten und diese Punkte aufmerksam durchdenken, so werden wir Folgendes herausfinden ...:

„Es gibt keinen anzubetenden Gott, einzig Allah ist vorhanden!" ...

Die erste Bedeutung, die aus dieser Feststellung hervorgeht, ist ...:

„Es gibt keinen anzubetenden Gott" ... Es wird hier ganz klar ausgedrückt, dass es im Jenseits keinen anzubetenden Gott gibt; danach heißt es **„ILLA ALLAH"** ...

„ILLA" kann, wie wir oben beschrieben haben, **„wie"** bedeuten, hier bedeutet es aber, wie wir sehen, **„einzig/ ausschließlich/alleinig"** ...

Ja, wenn **„ILLA"** zusammen mit dem Namen **„ALLAH"** benutzt wird, kommt nur die Bedeutung **„einzig"** in Frage, denn es gibt außer **ALLAH** kein anderes Wesen, das mit **ALLAH** vergleichbar wäre, dies wird auch in „**Was Hz. Mohammed gelesen hat**" detailliert behandelt. *(A. d. Ü.: Dieses Buch ist nur auf Türkisch erschienen.)*

Aus diesen Gründen können wir das Wort **„ILLA"** im Zusammenhang mit **„ALLAH"** nur als **„einzig/ausschließlich"** übersetzen ... So heißt es dann auch in der englischen Übersetzung nicht:

„There is no god <u>BUT</u> ALLAH", sondern **„There is no god <u>ONLY</u> ALLAH"**!

Nur auf diese Weise kann man den Glauben an die Einheit oder das Denksystem der islamischen Religion wahrnehmen.

So geht dann aus dieser Erklärung Folgendes

hervor: „**Ausschließlich ALLAH existiert und dieser ALLAH ist kein anzubetender Gott ...!**"

So ist also **ALLAH** kein anzubetender **Gott,** der außerhalb der Menschen, im Jenseits oder außerhalb aller Wesen, die wir wahrnehmen können, existiert ...! Was bedeutet dann „**anbeten**" und „**dienen**"?

3

„ANBETEN" UND „DIENEN" ...

Als erstes haben wir hier die Worte **„Anbeten"** und **„Dienen"** zu untersuchen und ihre Bedeutung zu definieren.

Das Wort **„Anbeten"** wird im Zusammenhang mit dem Wort **„Gott"** gebraucht. Das Anbeten setzt das Vorhandensein von **zwei Wesen** voraus, **den Anbetenden und den Anzubetenden** ... **„Du"** bist ... und **„Du"** hast einen **„Gott"** ... und **„Du"** betest diesen, deinen **„Gott"** an **...!** Das bedeutet, dass das **Anbeten** eine Handlung zwischen **zwei unterschiedlichen Wesen** darstellt ... Anbetung ist der Name für verschiedene Handlungen, die eine Person, welche an irgendeinen **Gott**, egal ob im Himmel oder auf der Erde, glaubt, für diesen **Gott** verrichtet.

Kommen wir zu der Bedeutung des Wortes **„Dienen"** ...

„Dienen" ist der Name für eine Handlung, welche eine Einheit gemäß ihrem Programm und ihrem Existenzzweck ausführt. Im 56. Vers der **Zariyat** Sure wird diese Tatsache folgendermaßen betont:

„Ich habe die Djinn und die Menschen nur erschaffen, damit sie Mir dienen (indem die Namen meiner Eigenschaften manifestiert werden)**".**

Außerdem sollten wir uns hier auch gleich an die Bedeutung dieses Koranverses erinnern:

Es gibt keine bewegende Kreatur, welche Er nicht an der Stirn zieht (Gehirn, das Programmieren durch den Namen „Fatir") ...**! (11:56)**

So beinhaltet auch die Aussage der **Fatiha Sure „wir dienen Dir"** ... folgende Bedeutung ...

„Wir dienen, indem wir das tun, wozu Hu uns geschaffen und programmiert hat ...!"

In dieser erhabenen Sure heißt es außerdem:

„Kul, KULLUN YA'MALU ALA SAKILATIHI",

übersetzt:

„Alle handeln gemäß ihrem Programms (natürliche Veranlagung)". (17:84)

Der „Einzige" lässt gemäß seinen Wünschen Arten für bestimmte Zwecke entstehen; die Angehörigen dieser Arten wiederum führen gemäß ihrem Schöpfungszweck als Resultat ihrer Programmierung Handlungen aus. Das Hervorbringen dieser Handlungen bezeichnet man als **„Dienen".**

Im Kernpunkt ist es unerheblich, ob sich die Handlungen in Gehorsam oder Ungehorsam gegenüber **ALLAH** äußern, alle Handlungen der Geschöpfe stellen die angeborene Ausführung ihres **„Dienstes"** dar.

Die **menschliche Wertschätzung** teilt dieses Handeln in **Gehorsam** und **Ungehorsam** auf, aber wie aus der vorangehenden Erklärung hervorgeht, ist im Grunde genommen <u>alles</u> **„dienen"** ...

„Die sieben Himmel (jede Schöpfung innerhalb der sieben Dimensionen des Bewusstseins) **und die Erde** (die Körper) **und was auch immer in ihnen ist, enthüllen (Tasbih) Ihn** (manifestieren die strukturellen Qualitäten Seiner Namen, indem es ständig neue Zustände gibt). **Und es gibt nicht irgendetwas, welches nicht Sein (Tasbih) enthüllen würde durch Seinen Hamd (Bewertung), aber ihr versteht nicht ihre Enthüllung** (Veranlagung, Kurs, Weg)." **(17:44)**

Dieser Koranvers sagt aus, dass die Geschöpfe in der

beschriebenen Form ihren **„Dienst"** erweisen ...

Mit anderen Worten, die Handlungen der Kreatur, welche die Erkenntnis des eigenen Ursprungs und Wesens zum Ziel haben, bezeichnet man als **„gehorsames Dienen"** ... Handlungen, die darauf ausgerichtet sind, sich selbst den Reichtum des inneren Wesens zu versagen und Reue erzeugen, nennt man **„ungehorsamen Dienst"** gegenüber **„ALLAH"** ...

Die Folgerung: ... **„Dienen"** ist das Handeln gemäß dem Schöpfungszweck ..., **„Anbeten"** jedoch ist die individuelle Hinwendung eines Wesens aus freiem Willen heraus zu einem **„Gott"**, dessen Vorhandensein man voraussetzt, um zu einer gewissen Zeit Ansehen zu erlangen und um etwas von „Ihm" erwarten zu können.

Die Schlussfolgerung ist ...: Einen „Gott" betet man an, „ALLAH" dient man ...!

Wenn sich das so verhält, auf welche Art und Weise und wieso **dient man ALLAH ...?**

Um das verstehen zu können, muss man erst einmal die Bedeutung von **„ALLAH AHAD"** –**„das EINSSEIN von ALLAH"**– begreifen ...!

Falls wir die **Ausschließlichkeit ALLAHs** richtig wahrnehmen, so werden wir klar erkennen, dass neben **ALLAH** kein zweites Wesen besteht, dass es neben **ALLAH** kein Universum gibt, dass es neben **ALLAH** keine Welten gibt ...!

Mit anderen Worten, die Annahmen, dass es eine Welt gibt, in der wir leben, dass es ein Universum gibt und außerdem getrennt davon ein **„Gott"** existiert, sind insgesamt unzutreffend.

„ALLAH", wie ihn Sein Rasul Mohammed beschreibt, ist kein Gott ...!

Der Rasul von Allah erläutert, dass ALLAH „AHAD" ist, das bedeutet, „Hu" ist „Einzig und Eins"!

„ALLAH", von dem der **Hz. Mohammed kündet,** vereinigt unzählige Eigenschaften in sich und diese befinden sich in ständiger Veränderung ...!

Diese Veränderung, dieser Ablauf ist die Welt der Handlungen ...!

Hinsichtlich seiner **Existenz** ist „HU" *(A.d.Ü.: die wahre Identität)* einzig (Wahid al Ahad); von seinen **Eigenschaften** her ist Hu *(A.d.Ü.: Er; Hinweis auf diese wahre Identität)*

HAYY = Die Quelle der Dimension der Eigenschaften! Derjenige, der allen Eigenschaften (Asma ul Husna) das Leben gibt, der die Existenz formt. Die Quelle der universellen Energie; die Wahrheit und der Ursprung der Energie!

ALIM = Derjenige, der wegen der „WISSENS"-Eigenschaft unendlich, grenzenlos alles und jede Dimension weiss und mit jedem Aspekt der Wissende ist!

MURID = Der Ausführende der Willenskraft!

KAADIR = Derjenige, der erschafft und sein Wissen beobachtet, ohne von Kausalität abhängig zu sein. In dieser Sache ist er derjenige, der absolut grenzenlos ist.

SAMI = Derjenige, der seine manifestierten Namenseigenschaften in jedem Moment wahrnimmt. Derjenige, der die Bewusstheit und das Begreifen ausleben lässt. Daraus resultiert, dass er der Auslösende für seine BASIYR-Namenseigenschaft (BASIYR = der Sehende) ist!

BASIYR = Derjenige, der seine manifestierten Namenseigenschaften jeden Moment betrachtet, ihre Resultate bewertet und ihre Ergebnisse formt.

KALIM = Die Eigenschaft des Ausdrucks, der Enthüllung von Bedeutungen!

„HU" ist im Besitz unzähliger charakteristischer Eigenschaften, von denen die wichtigsten vom **Hz. Mohammed** im „ASMA-UL-HUSNA", dem Verzeichnis der schönsten Namen **ALLAHs** aufgezählt sind ...

Die Welt der Handlungen, „ALAM AL AFAL" genannt, schließt die gesamten Geschöpfe und das Weltall, soweit es von diesen Geschöpfen wahrgenommen wird, ein ...

Die „AFAL ALAM" genannte **Welt der Handlungen**, also das Weltall, in dem Engel, Djinn und Menschen ihren Platz haben, existiert gemäß der Wahrnehmungsfähigkeit und den Wahrnehmungssinnen ihrer Geschöpfe; dem **„Wissen"** ALLAHs zufolge, nach dem **„Willen"** ALLAHs ist das Vorhandene eine **„ILMI SURAT"** – *eine Gestalt, welche aus Wissen besteht* ... Oder anders ausgedrückt: Alles, was existiert, ist in Wirklichkeit **aus der Sicht von Allah (Ind Allah)** etwas, *„welches niemals Körpergeruch angenommen hat"* ...

Kurzum – alles, was wir zu diesem Weltall zählen, ist in Wirklichkeit körperlich nicht vorhanden, sondern existiert nur und ausschließlich in der **„Vorstellung ALLAHs"** (Hayal Allah) ..., mit einfach zu verstehenden Worten, es handelt sich um *„illusionistische Wesen – Wesen aus Vorstellung"* ...!

Der Mensch kann die **Wirklichkeit** und das **Ursprüngliche** niemals wahrnehmen, egal in welcher Epoche er lebt, egal welches Wissen er besitzt, da er an die Wahrnehmungsfähigkeit seiner fünf Sinne gebunden ist ...!

Das Wissen der fünf Sinne wird Sie im Mikro- oder Makrokosmos zu unzähligen Universen und kosmischen Dimensionen abtreiben lassen ...! Von den Sternen zu den Galaxien, von den Galaxien zu den schwarzen Löchern, von den schwarzen Löchern zu den weißen Löchern und von den weißen Löchern zu neuen Galaxien und mit den Vorstellungen von Djinn und Außerirdischen, mit dem irrigen Glauben an einen „Gott" im Jenseits, werden Sie leben und dahingehen ...!

In unserem Buch „RUH INSAN CIN" *(A. d. Ü.: dieses Buch ist nur in türkischer Sprache erschienen)* erörterten wir, dass die **Djinn** heute von den Menschen als **„Außerirdische"** bezeichnet werden und erwähnten, als wir die verschiedenen Wege aufzählten, die sie zum Betrügen und Irreleiten benutzen, dass sie durch Trugbilder der Religion oder des **Korans,** durch Mystifikation den Menschen die Erkenntnis **„ALLAHs"** vorenthalten ...

In diesem Zusammenhang möchte ich, da wir hier bei unserem Thema den gleichen Punkt behandeln, Folgendes erwähnen ...

Die Djinn oder heute **„Außerirdische"** genannten Wesen sind bei zwei Themen absolut unzureichend und versuchen immerfort, die Menschen, mit denen sie in Verbindung stehen, von diesen beiden Themen fernzuhalten ...

Diese Themen sind die „**Einheit ALLAHs**" und das **Schicksal**! Sowieso ist das **Schicksal** eine ganz selbstverständliche Folgerung aus der **Einheit ALLAHs ...**!

Der Glaube an die Einheit im Islam, also das Glaubenssystem, welches von Hazreti **Mohammed** verkündet wurde, **basiert auf dem Grundsatz, dass es keinen anzubetenden Gott gibt – alleinig ALLAH existiert** ...

Daraus ergibt sich auch, **dass es keinen Gott gibt und dass die Menschen die Konsequenzen für ihre ein Leben lang ausgeführten Handlungen selbst tragen müssen ...**!

So betont dann auch der **Koran** in verschiedenen Versen die Tatsache, dass der Mensch tatsächlich den Lohn für seine Handlungen erhalten wird, folgendermaßen:

„**Für den Menschen wird sich nichts ansammeln außer den Resultaten (Konsequenzen) seiner Handlungen ...!**" (53:39)

* * *

„**Ihr werdet ausschließlich als Vergeltung für eure Handlungen bestraft werden!**" (37:39)

* * *

„**Ihr werdet die Folgen (Früchte) eurer Handlungen ernten!**" (36:54)

* * *

„**Ein jeder wird eingestuft nach seinen Handlungen. Der Lohn für eure Taten wird euch vollständig zuteil, ihr werdet keine Ungerechtigkeit erleiden.**" (46:19)

* * *

„**Lasst euch geschworen sein, ihr werdet diese schmerzlichen Qualen unbedingt zu spüren bekommen; und ihr werdet ausschließlich für eure Handlungen bestraft!**" (37:38-39)

* * *

Da der Mensch, wie aus den oben aufgeführten Koranversen hervorgeht, die Vergeltung für seine Handlungen auf dieser Welt erhalten wird, ist das Erste, was er dringend tun muss, Folgendes:

Zu erforschen, was das Leben nach dem Tod darstellt und wahrzunehmen, was **„ALLAH"** ist ...

Denn der Grundstein der **Religion** ist der Begriff **„ALLAH"**.

Vorausgehend möchten wir Folgendes mit Bestimmtheit festhalten: Wer die Bedeutung des Namens „ALLAH" nicht verstanden hat, kann niemals sein eigenes Sein in der Struktur der Schöpfung erkennen ...

Im Grunde genommen sind wir erst dann in der Lage, die Struktur des Menschen und der gesamten Schöpfung zu begreifen, wenn wir verstanden haben, was **„ALLAH"** ist. Ansonsten müssen wir uns mit begrenzten Auswertungen zufriedengeben und die Erkenntnis des Kernpunktes dieses Themas bleibt uns versagt ...!

Wenn wir also diese Wahrheit erkannt haben, so können wir uns der **Ikhlas Sure,** welche die Beschreibung **ALLAHs** darstellt, zuwenden, um uns unserem Auffassungsvermögen angemessen mit den einzelnen Worten der Sure zu beschäftigen, die einem Verschlüsselungscode nahekommen ...

4

DIE ERKLÄRUNG DER „IKHLAS" SURE

Die Antwort auf die Frage an den Hz. **Mohammed (FsmI) –** **„Was ist Allah?"** – wurde von **Allah** selbst in der **IKHLAS** Sure des **Korans** gegeben:

Die IKHLAS Sure ist das Bekenntnis zur Einheit ALLAHs.

1. KUL: HU WALLAHU AHAD

2. ALLAHU SAMAD

3. LAM YALID WA LAM YULAD

4. WA LAM YAKUN LAHU KUFUWAN AHAD

1. Sprich: „Hu, Allah ist AHAD" (absolut, grenzenlos EINS).

2. Allah ist SAMAD (ganz; derjenige, der nicht mit dem Begriff der Vielfältigkeit zu begreifen ist, außerhalb des Begriffes steht).

3. Hu zeugt nicht und ist nicht gezeugt worden.

4. Und es gibt keinen, der mit Hu zu vergleichen ist.

Untersuchen wir erst einmal die allgemeine Bedeutung der Worte dieser Sure, die Allah beschreibt ... und lassen Sie uns dann überlegen, welche Folgerungen sich aus diesen Bedeutungen ergeben!

„Allah Ahad" besagt, dass **Allah** grenzenlos, endlos, nicht in Teile oder Atome spaltbar, eine unteilbare **Einheit** ist ...

Lassen Sie uns jetzt nachdenken ...

Jeder normale Mensch auf dieser Welt lebt und beurteilt die Welt mit seinen fünf Sinnen. Deshalb gelten die fünf Sinne unter allen Menschen als Maßstab ...! Aus diesem Grund nehmen wir an, dass wir in einem Universum leben, das in Höhen und Tiefen gemessen werden kann ...

Deshalb denken wir uns den **Gott,** den wir uns bildlich vorstellen, obwohl **„Er" überall vorhanden ist**, als einen „Gott" in einer bestimmten Dimension, an einem bestimmten Platz!

Jedoch ...

Allah, wie er uns beschrieben wird, ist eine unteilbare, nicht in Einzelteile zerlegbare Einheit, sondern **„Bikulli Schay'in Muhiyt",** nämlich **„das absolute Wesen, welches alle Dinge umfasst".**

„HU" ist end- und grenzenlos ...!

Hier möchte ich noch einen sehr wichtigen Punkt erörtern ...

Da dieses Thema in unserem Buch „Was Hz. Mohammed gelesen hat" *(A. d. Ü.: dieses Buch ist nur in türkischer Sprache erhältlich)* sehr ausführlich behandelt wird, möchte ich hier nur kurz zusammenfassen:

In der Türkei ist die Auslegung von **Elmali Hamdi Yazir „HAK DINI KURAN DILI"** die weitläufig akzeptierteste und hervorragendste Interpretation des Korans, dessen neun Bände vom Ministerium für religiöse Angelegenheiten – kurz Diyanet genannt – gedruckt werden. Dort ist im 1. Band auf den Seiten 42 und 43 im Zusammenhang mit der Bedeutung des Buchstabens „B" zusammengefasst Folgendes beschrieben:

Die angesehensten Kommentatoren sagen, dass der Buchstabe **„B"** *hier entweder* **„Spezifität"** *oder die Präposition* **„mit"** *oder auch* **„Hilfe zu ersuchen"** *bedeutet ... Gemäß diesem Verständnis* *sollte die Übersetzung der* **„Basmalah"** *(welche mit dem Buchstaben* **„B"** *beginnt) folgende sein:* „Für oder im Auftrag von Allah, der Rahman und Rahim ist", *welches eine Verbindung impliziert. Dies stellt einen Zugang dar und ist das Eintreten in das Stellvertreter-Dasein (Khalifatullah). Eine Aktivität „im Auftrag von IHM" zu beginnen bedeutet: „Ich führe dies aus aufgrund des Stellvertreter-Daseins, als Sein Repräsentant ..., deshalb gehört diese Aktivität nicht mir oder irgendjemand anderem, sondern nur IHM." Dies ist der Zustand der Nichtigkeit in Allah („Fanafillah – in Allah zerstört sein"), welches auf das Konzept der Einheit in der ganzen Existenz hinweist.*

Zu der Bedeutung des Buchstabens „B" äußerte sich auch der angesehene Gelehrte und zeitgenössische Mystiker **Ahmet Avni Konuk** in seiner Auslegung „Fusus" (veröffentlicht von der Marmara Universität) folgendermaßen:

„Das ,B' in ,Bi ibadihi' steht für eine Verbindung ... und bedeutet, dass Allah auf dem *,Mantel der Existenz'* durch Seine Diener Erscheinung findet!"

Wenn wir das Geheimnis der Bedeutung des Buchstabens „B" richtig verstanden haben, dann lassen Sie uns folgende Definition überdenken ...!

Der nicht in Einzelteile und Atome aufteilbare „**Ahad**" (= „**Eine**") ist entweder eine begrenzte, endende Einheit, die in diesem Falle irgendwo im Kosmos lokalisiert sein muss (!) oder eine endlose, grenzenlose unteilbare Einheit, die dann lediglich und ausschließlich – ich wiederhole: **lediglich und ausschließlich –** „**selbst**" existiert ...!

Der Gedanke, dass neben dem „**einigen Allah**" noch ein anderes Wesen vorhanden sein könnte, lässt sich weder mit dem Verstand und der Logik, noch mit Vernunft und Klugheit vereinen ..!

Lassen Sie uns überlegen ...

Gesetzt den Fall, dass neben **Allah** noch ein Geschöpf existierte, wo sollte dann die Grenze zwischen **Allah** und diesem **Wesen** sein ...? **Wo sollte man die Grenze ziehen?**

Entweder es besteht eine **end- und grenzenlose Einheit,** dann kann es kein zweites Wesen geben ...! Oder es gibt einen begrenzten, fest umreißbaren **Gott,** der irgendwo **im Kosmos** oder **außerhalb des Kosmos** seinen Wohnsitz hat ...(!)

Hier gilt es vorrangig, die Definition von endlos und grenzenlos zu verstehen ...

Wir sollten die Begriffe endlos und grenzenlos nicht als Länge, Breite und Tiefe erfassen, sondern als **die Dimension** schlechthin begreifen ...

5

LASSEN SIE UNS UNABHÄNGIG VON UNSEREN FÜNF SINNEN DENKEN

Nach unserer Auffassung als Mitglieder der Wesen, welche mit fünf Sinnen ausgestattet sind, besteht **der Kosmos,** in dem wir leben, aus zahllosen Mikro- und Makrowelten! Geben Sie acht, dies alles existiert nur gemäß der wahrgenommenen Fakten unserer Augen ...!

Nähme man jedoch diesen Raum, in dem Sie sich jetzt befinden, entfernte man die Decke und würde den Raum auf den Objektträger eines 60milliardenfach vergrößernden Elektronenmikroskopes stellen ...

Wenn Sie dann durch das Mikroskop den Raum betrachten, in dem Sie sich kurz zuvor aufgehalten haben ...

Was würden Sie dann wohl sehen ...?

Bei einer millionenfachen Vergrößerung eines Gegenstandes sehen wir die atomare Zusammensetzung dieses Dinges ...! Stellt man die Vergrößerung auf 60milliardenfach ...

... dann verschwinden Menschen, Möbel, Sessel, Schreibtische und die übrigen Gegenstände des Raumes; unser Gehirn wird sein Urteil von Grund auf ändern müssen ...!

Und ... wie von selbst würden wir ausrufen ...: **„Aah, hier gibt es ja gar nichts ...! Schau mal her, außer Atomen und Elektronen,**

die sie umkreisen, ist nichts zu sehen ...! Ja, wo sind denn die Gegenstände und Menschen hin verschwunden ...!?"

Diese Feststellung macht das gleiche Gehirn, welches kurz zuvor, bevor es durch das Elektronenmikroskop geschaut hat, festgestellt hat, dass es hier Menschen und Möbel gibt ...!

Das Gehirn ist das gleiche geblieben, es haben sich nur die Wahrnehmungsfähigkeit und die Wahrnehmungsdimension durch eine zusätzliche Kapazität erweitert.

Das besagt, dass unser Gehirn mit seiner normalen Wahrnehmungskapazität entscheidet, dass es verschiedene Gegenstände und Menschen gibt; in dem Augenblick, wo sich die Kapazität der Wahrnehmungsmöglichkeiten erweitert, ändert es seine Bewertung und kommt zu dem Ergebnis, dass sich hier nur unzählige Elektronen befinden, die sich um ihren Kern drehen ...!

Was wäre, wenn wir mit solchen Vergrößerungsgläsern oder einem Elektronenmikroskop ausgestattet lebten, auf diese Weise geboren und sterben würden ...? Könnten wir dann immer noch so wie jetzt behaupten, dass verschiedene Dinge vorhanden sind ...? Oder würden wir dann die Meinung vertreten, dass die Welt, auf der wir leben, der Kosmos und alles, was wir wahrnehmen können, ein aus Atomen zusammengesetzter, einziger Körper ist ...?

Könnte unser Gehirn statt mit einem 60milliardenfach vergrößernden Elektronenmikroskop mit einem 10trillionenfach vergrößernden in den Kosmos sehen – würden wir dann immer noch von verschiedenen Gegenständen und Menschen sprechen ...?

Oder würden wir den vorhandenen unteilbaren, untrennbaren, bis in alle Ewigkeit bestehenden, grenzenlosen, endlosen **„Einzigen"** erkennen ...?

Wenn es uns gelungen ist, Ihnen diese Sache zu vermitteln, dann ... möchte ich versuchen, Ihnen an diesem Punkt Folgendes zu erläutern:

Das Vorhandene ist **in Wahrheit** der unteilbare, nicht aufspaltbare, grenzenlose und endlose **„Einzige"**! „HU" ist **AHAD**! ... **Allah ist Ahad,** es gibt nichts, weder im Mikro- noch im Makroplan, was „HU" gleicht oder ähnelt, es gibt nichts außer

„HU"!

Nur wir, die wir an unsere vorhandenen Wahrnehmungsmechanismen gebunden sind, begehen den Fehler, das **Ganze** als eine aus vielen Teilen zusammengesetzte Einheit zu sehen ...! Denn unser Gehirn richtet sich nach seinen begrenzten Wahrnehmungsmöglichkeiten ...!

Doch könnte unser Gehirn sich über seine, mit fünf Sinnen begrenzte Wahrnehmungskapazität hinwegsetzen ... und die Wahrnehmungen, die es macht, als einen begrenzten Ausschnitt oder als Beispiel der zahllosen Existenzen im Weltall annehmen ...,

... um danach durch tiefe Überlegung über den erfassten Ausschnitt festzustellen, was noch alles vorhanden sein könnte ..., um anschließend eine Reise durch die Dimensionen zu machen, in die Tiefe der Struktur der Schöpfung, um auf den **„kosmischen Kern"** zu treffen ...– dann würde der Mensch schließlich feststellen, dass sich sogar sein eigenes **„Ich"** in diesem **„kosmischen Kern" auflöst ...!**

Dies ist ein sehr wichtiger Aspekt dieses Themas ...

Die zweite wichtige Seite der Sache ist folgende ...

Wenn **Allah,** wie ihn Hazrat Mohammed (FsmI) beschreibt, **Ahad** ist, also grenzenlos, endlos, nicht in Atome spaltbar ist und folglich alle Richtungen, alle Dimensionen umfasst, wo sollte dann neben „HU" der Platz für ein zweites Wesen sein, in welcher Dimension, an welchem Punkt sollte es anfangen, wo sollte man die Grenze ziehen, wo sollte sich Raum auftun für ein zweites Wesen …?!

Wenn **Allah Ahad** ist, wo sollte außer „HU" noch ein zweites Wesen, ein **Gott,** bestehen?

Innerhalb **Allahs** oder außerhalb ...?!

6

ALLAH IST ÜBER EINEN MITTELPUNKT ERHABEN

Wir sagten, dass **Allah** end- und grenzenlos ist ...

Da **Allah end- und grenzenlos** ist, ist es undenkbar, dass er einen **Mittelpunkt** besitzt ...!

Damit man von dem Mittelpunkt einer Sache reden kann, müssen Grenzen vorhanden sein und an den Schnittstellen der Eckpunkte dieser Grenzen liegt dann der Mittelpunkt, das Zentrum ...

Aber **Allah hat keine Grenzen ...** Wo es keine **Grenzen** gibt, existiert auch kein **Mittelpunkt ...! Was keinen Mittelpunkt besitzt, hat auch keinen Kern, kein Inneres und kein Äußeres ...!**

Gemäß unserem Leben mit unseren fünf Sinnen und der Annahme von Materie durch unsere Sinne hat ein Gegenstand ein Inneres und ein Äußeres; er hat eine innere Substanz und eine äußere Hülle ...! Man kann jedoch bei einer Sache, die kein Zentrum hat, nicht von einer inneren Substanz und einer äußeren Hülle, nicht von einem Inneren und einem Äußeren reden ...!

So wird dann auch in einer **Sure des Korans** folgendermaßen auf diesen Umstand hingewiesen:

„HU ist Al-Awwal (der erste und der anfängliche Zustand der Existenz) und Al-Akhir (der unendliche Nachfolgende, zu allen Manifestationen), Az-Zahir (die offensichtliche, eindeutige und wahrnehmbare Manifestation) und Al-Batin (die nicht-wahrnehmbare Realität innerhalb der wahrnehmbaren Manifestation, die Quelle des Unbekannten)." (Koran 57:3)

All diese Begriffe sind in Wirklichkeit „EINS" ...! Vergangenheit und Zukunft sind keine zwei unterschiedlichen Dinge ...! Alles, was wir mit Vergangenheit und Zukunft, verborgen und offensichtlich bezeichnen, beschreibt immer „HU" ...!

Du kannst „Ihn" als das Offensichtliche und als das Verborgene, als Vergangenheit und Zukunft bezeichnen, was du auch immer beschreibst, du beschreibst „HU ..."!

Denn der Unterschied zwischen verborgen und offenbar ergibt sich aus deinen fünf Sinnen ...! Was du mit deinen fünf Sinnen erfassen kannst, bezeichnest du als offenbar, was du nicht erfassen kannst, als verborgen. Könntest du mit sechs, sieben oder zwölf Sinnen erfassen, würde sich für dich das Offenbare und das Verborgene verändern ...! Und was du jetzt als offenbar ansiehst, müsstest du als verborgen bezeichnen und was du als verborgen bezeichnest, als offenbar ansehen.

In Anbetracht der Tatsache, dass Allah eine end- und grenzenlose Einheit bildet, ist er über die Begriffe offenbar und verborgen erhaben ...!

Wie können wir bei einem Wesen, das über die Begriffe innen und außen, offensichtlich und verborgen erhaben ist, keinen Mittelpunkt, keinen Anfang und kein Ende hat und frei von solchen Bedeutungen und Fakten ist, davon sprechen, dass dieses Wesen irgendwo endet und ab diesem Punkt ein anderes, gesondertes Wesen existiert ...?!

Eben aus diesen Gründen müssen wir erkennen, dass jeder nur denkbare, erträumbare Punkt – mit allen seinen Eigenschaften und Wesen, mit seinen gesamten Eigentümlichkeiten – nur und ausschließlich „HU", den einigen Allah darstellt!

Wer von der Existenz eines zweiten Wesens außerhalb von „HU"
spricht, befindet sich in einem Irrtum, der aus dem Unvermögen zu
tiefer Überlegung herrührt. Dieser Zustand wird in der Religion mit
„Schirk" bezeichnet und meint die Annahme eines zweiten Wesens
neben **Allah** aufgrund der dualen Sichtweise. *(A. d. Ü.: „Schirk"
leitet sich vom Verb „Ischrak" ab, welches zu vermischen bedeutet.
Man soll also mit der Bedeutung Allahs keine anderen Bedeutungen
assoziieren, vermischen und gleichsetzen.)*

7

ALLAH IST FREI VON JEGLICHER REFLEXION

Das Thema der *„göttlichen Reflexion/Abglanz"* (Tadjalli) ist auch sehr wichtig …

Da Allah absolut in jedem Punkt der Existenz vorhanden ist, kann man schlussfolgern, dass Allah keine Reflexion hat!

Mit Reflexion (arab. *Tadjalli*) ist hier Manifestation, Visualisierung, Abglanz, Spiegelung oder Verkörperung gemeint. Dies alles jedoch impliziert Dualismus. Wir alle wissen, dass die Existenz **EINS** ist und dass alles durch diesen **EINEN** entsteht. Und so kann eine Reflexion dieses **EINEN** niemals vorstellbar sein.

Das Wort Reflexion wird nur benutzt aufgrund der Unvollkommenheit der Worte einer Sprache, da kein Wort wahrhaftig den **EINEN** erfassen kann …

Denn wenn eine Reflexion, eine Erscheinung, zustande kommen sollte, dann müsste ein Zentrum, ein Kernpunkt, eine Substanz vorhanden sein, um von dort aus, zu einem **Ort der Reflexion** zu gelangen oder Inhalte auszustrahlen ...! So wie zum Beispiel die Sonne ihre Strahlen aus ihrem Zentrum ins Weltall sendet ...!

Allah müsste also einen Mittelpunkt haben, damit von dort aus **reflektierende** Impulse ausgehen könnten, die erkennbar sind ...! Das ist gewiss unmöglich!

Aber **Allah** hat kein Zentrum, ist an keiner Stelle lokalisiert, so dass man an keinem Ort von seiner Reflexion oder Erscheinung reden könnte ... Um in Erscheinung zu treten, bedarf es eines Ausgangspunktes ... Gibt es diesen Ausgangspunkt nicht, dann verliert das Wort **Reflexion** seine Bedeutung ...!

In der Vergangenheit wurde das Wort „**Reflektieren**" von verschiedenen Personen benutzt ... Eines unserer Bücher trägt den Namen „**TECELLIYAT**" (= „**REFLEXIONEN**"). Dieses Wort wurde hier aus Mangel eines besser treffenden Begriffes gebraucht, und nicht, weil es etwa genau die Wirklichkeit beschreibt ...!

Wir werden noch oftmals Hilfsworte gebrauchen müssen, die erklärenden Charakter haben und dazu dienen, uns das Thema verständlich zu machen und uns dem Kernpunkt näher zu bringen ...

Nachdem wir diese Sache nun auf diese Art erklärt haben, lassen Sie uns jetzt zusammen in unserer Untersuchung fortfahren ...

Kann man **Allah** anbeten ...? Wer soll **Allah** anbeten?

Lassen Sie uns gemeinsam an eine Antwort des Hz. **Mohammed** erinnern, die er auf eine Frage nach **Allah** gab:

„Allah existierte und mit „HU" zusammen existierte nichts!"

Diejenigen, welche diese Antwort vernahmen, liefen zu **Hz. Ali**, den **Hz. Mohammed** als „**Tor des Wissens**" bezeichnete und überbrachten ihm die Antwort im gleichen Wortlaut, um von ihm eine Erläuterung zu erhalten ...

Hz. Ali antwortete mit diesem prägnanten Satz:

„AL AN KAMA KAN!"

Diesen Satz können wir folgendermaßen übersetzen:

„Es ist immer noch so, wie in diesem Moment!"

Das bedeutet, in jenem Moment war das so und in der Zeit von jenem Moment bis zu diesem Moment hat sich nichts verändert, es ist immer noch so ...!

Als Kundige dieses Themas können wir die Sache auch aus einer anderen Sicht betrachten. Der Ausdruck „Al An" enthält „Al", einen arabischen Artikel, der soviel wie „der" bedeutet und nicht irgendein

Ding, sondern eine bestimmte Sache bezeichnet, die jeder kennt ...

Sagt man z. B. Buch, so ist irgendein Buch gemeint ... Steht aber vor dem Wort Buch der Artikel „Al" oder „das", so wird ein bestimmtes Buch bezeichnet, welches Ihnen und Ihrem Gegenüber bekannt ist ...

So versteht man durch den Artikel „Al" vor dem Wörtchen „An", dass es sich hier um einen bewussten Moment handelt ... Aus diesem Grunde kann man den oben genannten Satz auch folgendermaßen interpretieren:

„Der Moment, in dem wir uns jetzt befinden, ist jener Moment!"

Nämlich genau **jener Moment**, in dem **Allah** existierte und sonst nichts außer Hu, ist genau **dieser Moment ...**!

Hier gibt es eigentlich noch eine Sache, die wir mit Bestimmtheit wissen müssen:

Der **Zeitbegriff** ist fiktiv, dass heißt, er ist ein Begriff, der für die nachher entstandenen Geschöpfe gültig ist ...

Alle Geschöpfe besitzen einen Anfang und ein Ende, eine Vergangenheit und eine Zukunft ...

Allah hingegen steht über den Begriffen Vergangenheit und Zukunft ...

So kann man von **Allah** mit Bestimmtheit niemals sagen, dass „HU" in der Vergangenheit in diesem Zustand, sich jetzt aber in jenem Zustand befindet **... Allah besteht in höchster Vollkommenheit von Ewigkeit bis in alle Ewigkeit ...**

Wenn also bei irgendeinem Thema das Wörtchen **„war"** mit **Allah** in Verbindung gebracht wird, so kann das niemals eine **Form der Vergangenheit** darstellen, sondern muss, da **Allah** über einen Zeitbegriff erhaben ist, als **in aller Ewigkeit** verstanden werden!

Wenn wir diese Tatsache verstanden haben, dann werden wir Folgendes bemerken:

Der jetzige Moment ist der Moment, in dem Allah vorhanden

ist und mit HU, neben HU, kein anderes Geschöpf existiert ...!

Aber wie können wir das beweisen?

Dieser Beweis ist in der **IKHLAS Sure** enthalten ...

Lassen Sie uns mit der Erörterung der **IKHLAS Sure** fortfahren ...

Da **Allah Ahad** ist, kann nicht die Rede von der Existenz eines zweiten Wesens neben HU sein ...!

„HU" lässt sich nicht teilen, so dass man ihn keiner Zeitdimension zuordnen kann ...

Denn für **Ahad** kann es nur einen **einzigen Moment/Augenblick** geben ..., darauf wird auch mit dem Wort „DAHR" hingewiesen, welches Zeit bedeutet ...

„ICH BIN DIE DAHR (ZEIT)"!

Mit **DAHR** wird der Moment bezeichnet, in dem **der Einzige** mit sich alleine besteht ...

8

„ALLAH IST SAMAD"

Wenn wir das Wort „Samad" gründlich untersuchen, dann tun sich vor uns, soweit wir wissen, folgende Bedeutungen auf:

„Ohne Hohlräume, vollständig, lückenlos, nicht durchlöchert, undurchdringlich ..., es lässt sich nichts hinzufügen, es lässt sich nichts entfernen! Massiv ..." So wie wir z. B. massives Gold sagen ..., mit anderen Worten: **„lediglich, ausschließlich ...!"**

Nach einer Überlieferung des **Abdullah Ibni Bureyd** heißt es:

„AS SAMADILLAZI LA DJAWFA LAH".

Das bedeutet:

„Die Eigenschaft „Samad" trägt solch eine Bedeutung, dass sinngemäß ... aus „Samad" nichts hervorgeht, nichts entsteht und sich nichts entwickelt, auch das Gegenteil davon, etwas hinzuzufügen, etwas hineinzugeben oder mit etwas zusammenzuschließen, ist ebenfalls gänzlich unmöglich."

Wie man sieht, sind alle diese Begriffe im Grunde genommen Ergänzungen und Erläuterungen des Namens **„Ahad"**.

Der Einzige, der keine Lücken und keine Mängel hat, vollkommen und fehlerfrei ist, keine Leerräume aufweist, in den nichts eindringen kann, der massiv ist und ausschließlich existiert, der nichts aufnimmt und nichts abgibt, grenzenlos und endlos ist, der sich nicht in Teile aufteilen und nicht in Atome aufspalten lässt, ist kurzum „AHAD"!

Versuchen wir, den so beschriebenen **Allah** zu verstehen ... Ansonsten werden wir uns niemals von der Anbetung des **Gottes** unserer Vorstellung befreien können und zählen dann zu denen, die mit folgendem Koranvers beschrieben werden:

„Sie haben nicht danach gestrebt, Allah in seiner Wahrheit wertzuschätzen!" (Koran 6:91)

Zusätzlich hat „Samad" auch noch folgende Bedeutung:

„Samad" bedeutet: ohne Bedürfnis ... Das besagt, dass **Allah** über alle Bedürfnisse erhaben ist. Denn es besteht ja nichts außer HU selbst, als man daran denken könnte, dass HU irgendetwas bedarf ...

Wenn wir bis hierher alles verstanden haben, wenden wir uns jetzt folgenden Fragen zu ...

Woher kommt **ALLAH**, der **Einzige, den der Hz. Mohammed erläutert?**

Wie entstanden der Kosmos und die unzähligen Lebewesen aus **Allah, der Ahad** ist ...? Hat „HU" sie geboren ...?

Die Antwort auf diese Fragen wird uns wiederum in der **Ikhlas** Sure mit folgenden Worten gegeben:

„LAM YALID wa LAM YULAD";

„HU HAT NICHT GEBOREN und IST NICHT GEBOREN".

9

WAS BEDEUTET: ALLAH HAT NICHT GEBOREN?

Ist hier etwa die einfache Bedeutung des **Gebärens** unseres allgemeinen Sprachgebrauchs gemeint?

Gebären steht, wie wir kurz zuvor zu erklären versuchten, für den Vorgang, bei dem ein Wesen aus sich selbst heraus ein mit den gleichen Merkmalen ausgestattetes zweites Wesen hervorbringt ... Alle **Gebärenden** bringen ein ihnen selbst gleichendes, mit den gleichen Eigenschaften ausgestattetes, zweites Wesen aus sich selbst hervor ...

Im **Koran** wird aber betont, dass **Allah nicht geboren hat ...!** Welche Bedeutungen lassen sich dann aus dieser Feststellung **„Allah hat nicht geboren"** ableiten?

Die erste Bedeutung ist folgende:

Allah hat aus sich selbst heraus kein zweites, unabhängiges Wesen erschaffen ...!

Oder mit anderen Worten: „Es gibt kein Wesen, welches aus der Existenz **Allahs** heraus erschaffen wurde ...!

Denn **Allah** ist **Ahad**. HU ist **einzig**, lässt sich nicht aufteilen oder in Teilchen aufspalten ...!

1. HU ist end- und grenzenlos, aus diesem Grunde ist es unmöglich, dass HU neben sich oder in sich ein zweites Wesen erschafft.

2. Da HU Ahad ist und folglich nicht in Teile oder Atome aufteilbar ist, kann aus HU kein zweites Teil hervorgehen ...!

Eben aus diesen Gründen kann niemals von dem Vorhandensein eines zweiten Wesens gesprochen werden, welches von HU geboren ist, selbst wenn es die gleichen Eigenarten wie Allah aufweisen würde!

Zusammenfassend ...
Allah ist nicht von einem Wesen geboren oder erschaffen worden; HU hat auch nicht geboren; es gibt kein zweites Wesen, welches aus HUs Existenz heraus entstanden wäre ...!

Hier gibt es noch einen Punkt, den wir noch nicht erläuterten ... Untersuchen wir „LAM YULAD" ...

10

WAS BEDEUTET: ALLAH IST NICHT GEBOREN?

Unter **gebären** verstehen wir, dass eine Sache oder ein Lebewesen ein zweites Wesen mit identischen Eigenschaften aus sich selbst hervorbringt ...

Da es hier heißt, „HU ist nicht geboren", soll uns hier Folgendes veranschaulicht werden:

„Allah ist nicht von einem anderen Wesen erschaffen worden ...!"

Wie könnte man sich auch vorstellen, dass Allah von einem anderen Wesen erschaffen wurde, wo HU doch **Ahad** ist ...! Das heißt, **endlos** und **grenzenlos** ist und eine **unteilbare Einheit** bildet ...!

Um sich ein Wesen vorstellen zu können, das **Allah** erschaffen haben könnte, müsste **Allah** in einer **Richtung** oder **Dimension** eine **Begrenzung** haben, hinter der dieses Wesen, welches HU hervorgebracht haben sollte, existieren könnte ...!! Und dann müsste dieses Wesen auch noch aus sich selbst heraus **Allah** erschaffen können ...!!!

Allah ist Ahad ...! Allah ist end- und grenzenlos und lässt sich nicht in Teilchen aufteilen, HU ist eben Ahad!

Aus diesem Grunde kann nicht die Rede davon sein, dass HU an

41

einem Punkt aufhört und dahinter die Existenz eines zweiten Wesens beginnt. Man kann nicht von einem zweiten Wesen reden, das Allah erschaffen hat, so etwas ist undenkbar ...!

Dies ist, soweit wir verstehen können, die Bedeutung von „LAM YULAD" ...

Kommen wir jetzt zu der letzten Aussage dieser Erklärung ...:

„LAM YAKUN LAHU KUFUWAN AHAD".

„Es existiert nichts, was HU entspricht, teilweise oder gänzlich ähnlich ist, HU ist einzig!"

Erinnern wir uns hier auch an folgenden Koranvers:

„LAYSA KAMISLIHI SCHAY";

„Ob im Mikro- oder Makroplan, es gibt nichts, was HU gleichkommt." (Koran 42:11)

11

DIE BESCHREIBUNG ALLAHS IM KORAN

Lassen Sie uns zusammenfassend die **Ikhlas Sure**, die **Allah** beschreibt, wiederholen. Lassen Sie uns vergleichen, ob der **„Gottesbegriff"** in unserem Kopf mit dem **Allah** übereinstimmt, den Hz. **Mohammed** uns erläutert ...

Da **Allah Ahad** ist, ist HU end- und grenzenlos und über eine Teilung in Atome erhaben ...

Da **Allah Samad** ist, kann nicht die Rede davon sein, dass ein Wesen in HU eindringt oder aus HU erschaffen wird ... **Allah** hat kein Bedürfnis, HU ist vollkommen und ohne Fehler ...!

Da **Allah Lam Yalid** ist, kann man nicht von einem zweiten Wesen sprechen, welches aus HUs Existenz hervorgegangen wäre ...!

Da **Allah Lam Yulad** ist, kann nicht von einem Wesen oder einem Gott gesprochen werden, der HU erschaffen hat ...!

Da **Allah Lam Yakun Lahu Kufuwan Ahad** ist, gibt es nichts, was HU gleicht, entspricht, teilweise oder gänzlich ähnlich ist, **HU** ist Ahad, das heißt einzig, ausschließlich ...!

Wir müssen wissen, dass der Ausgangspunkt aller Themen, die sich mit der Theologie und Religion befassen, die Frage ist: „Wer oder was ist Allah" ...

Diejenigen, welche die Antwort auf diese Frage geben, richten sich entweder nach dem Gott ihrer Vorstellung oder lassen ihre Gedanken von der Beschreibung Allahs durch Seinen Rasul Mohammed, Friede sei mit Ihm, leiten ... *(A. d. Ü.: RasulAllah = Der Überbringer der Nachricht über die Entfaltung des Wissens um den grenzenlosen Einen und das Einzige Bewusstsein, dem nichts ähnelt, und neben dem kein anderes Wesen existieren kann!)*

Da der Kernpunkt unseres Themas „**Allah, wie ihn Sein Rasul Mohammed erläutert**" ist, werden wir versuchen, uns an die Erklärungen des **Hz. Mohammed (saw)** zu halten ...

Damit wir darlegen können, dass **Allah** nichts mit dem **Gott** gemein hat, von dem bis jetzt die Rede ist ...!

Allah, der Ahad ist und den wir bisher zu erklären versuchten, ist gemäß der Erläuterungen des Hz. Mohammed außerdem ...

HAYY

ALIYM

MURID

KAADIR

SAMI

BASIYR

KALIYM

Das bedeutet, dass Allah, der Einzig ist, gleichzeitig auch Eigenschaften besitzt, die durch die oben aufgezählten Namen gekennzeichnet sind ...!

So wie **Allah Ahad** ist, also einzig/ausschließlich ist, ist derjenige, der Allah genannt wird auch ...

HAYY; HU ist endloses, grenzenloses, unteilbares, ewiges **Leben!**

ALIYM; HU ist endloses, grenzenloses, unteilbares, absolutes **Wissen!**

MURID; HU ist endlos und grenzenlos, durch viele Dimensionen hinweg, nicht aufspaltbarer **Wille!**

KAADIR; HU ist die end- und grenzenlose, unteilbare, einzige **Allmacht!**

SAMI; HU ist die end- und grenzenlose, unteilbare, absolute **Wahrnehmung!**

BASIYR; HU ist die end- und grenzenlose, unteilbare, einzig vorhandene **Bewertung/Betrachtung!**

KALIYM; HU ist die grenzenlose, unteilbare Totalität von **Bedeutungen!**

Während wir versuchen, die oben genannten Eigenschaften zu verstehen, dürfen wir nicht außer acht lassen, dass sich alle daraus ableitenden Zusammensetzungen, wie z. B. „**Ahad und Hayy**", „**Aliym und Murid**", „**Hayy und Kadir**" und alle anderen noch möglichen Variationen alle den **einigen Allah** beschreiben ...!

Alles, was mit diesen Beschreibungen gemeint ist, stellt ein einziges Wesen dar ...! Die verschiedenen Namen bilden die Adjektive, mit denen HU, der **Einzige,** beschrieben wird.

HU ist in solchem Maße **Einzig**, dass HU über die Begriffe Anfang und Ende erhaben ist, **HU** ist endlos und grenzenlos, HU ist unteilbar, HU ist nicht in Teilchen aufspaltbar, HU hat zahllose Bedeutungen, **HU** bildet eine end- und grenzenlose Energie, eine end- und grenzenlose Allmacht; neben seiner Existenz ist das Vorhandensein eines zweiten Wesens unvorstellbar; **HU** hat kein Äußeres und kein Inneres, **HU** hat kein Zentrum, keinen Mittelpunkt, HU ist kurzum **Ahad** ... Also **einzig ...!**

Das ist also **Allah, wie ihn Sein Rasul Mohammed (saw) beschreibt**; weder in HU noch außer **HU** ist die Existenz eines zweiten Wesens denkbar ...!

Um zu verhindern, dass diejenigen, welche mit dem Thema nicht vertraut sind, einen Denkfehler begehen, möchte ich an dieser Stelle Folgendes klarstellen, bevor ich fortfahre ...

Im **Koran** werden an verschiedenen Stellen Ausdrücke wie „**unser Gott**" und „**euer Gott**" benutzt ..., allerdings wird gleich danach darauf hingewiesen, dass es sich bei dem „**Gott**" um **Allah** handelt ...

Lässt sich dann nicht daraus ableiten, dass **Allah** ein **Gott** (arab. *Ilah*) ist?

Man kann es nicht ...!

Dies sind Äußerungen für diejenigen, die an das Gottkonzept glauben. Genauso wie es die Warnung, – dass Allah nicht schläft – an jene gibt, die glauben, dass es einen Gott gibt, der schläft.

Denen wird gesagt:

„Das, was ihr Gott nennt, was ihr euch als Gott vorstellt, gibt es nicht, in Wirklichkeit existiert ausschließlich Allah ...! Euer und unser Gott ist ein und derselbe und einzig ... Auch er ist Allah ...! "

Ja, die Absicht dieser Erklärung besteht darin, die Menschen von einer bestimmten **Gottesvorstellung** zu befreien und ihnen **Allah** begreiflich zu machen ...

Denn wenn man den **Koran** wirklich aufmerksam untersucht, dann stellt man fest, dass solche Ansprachen stets an die „Muschriks" *(A. d. Ü.: diejenigen, die aufgrund der dualistischen Betrachtungsweise Vorstellungen von Göttern/Gott irgendwo haben)* gerichtet sind, welche fern von dem Begriff **Allahs** einen **Gott ihrer Vorstellung** anbeten ...

Damit sich deren Gottesvorstellung zu einem Begreifen Allahs wandeln möge ...!

12

ALLAH IST KEIN GOTT!

Seien wir jetzt ehrlich und fragen wir uns selbst ...

Ist der **Gott,** an den wir glauben oder nicht glauben und den wir in beiden Fällen **Allah** nennen, identisch mit dem **Allah, wie ihn der Hz. Mohammed erläutert**?

Lässt sich **Allah,** wie ihn Sein **Rasul Mohammed (alayhi Salaam) erläutert,** als **Gott** bezeichnen oder lässt sich ein **göttlicher Begriff** auf HU anwenden?

Ist das vorstellbar ...?!

„Sie haben nicht danach gestrebt, Allah in seiner Wahrheit wertzuschätzen!" (6:91)

Von Seiten **Allahs,** nach seinem **Wissen und Willen,** sind **Geschöpf** und **Schöpfer** eins! Denn beide sind von **Allahs Bewusstsein** her **Verkörperung** seines **Wissens** und **Willens** ...

Deshalb löst sich alles in **Allahs** Wesen auf, es ist **nichts** mehr vorhanden ...!

Es besteht nur das **Antlitz Allahs** in **Ewigkeit ...**! Wie es in den folgenden Koranversen auch beschrieben wird:

„KULLU SCHAYIN HALIKUN ILLA WADJAH" (28:88);

„Alles wird vergehen, außer dem ANTLITZ von HU."

47

„Wa yabka wadju rabbika Zul Djalali wal Ikram" (55:27);

„Und für immer wird das Antlitz Deines Rabbs/Herrn (die Eigenschaften der Namen, welche dein Wesen ausmachen) **bestehen, der Zul Djalaali wal Ikram ist** *(A. d. Ü.: Eine Eigenschaft, die besagt, dass durch eine bestimmte Eigenschaft (Djalaal-überwältigende Größe) die gegenwärtige Form der Erscheinung des Selbst zerstört wird und durch die Eigenschaft der Darreichung (Ikram) das Selbst zur Ewigkeit eingeladen wird)."*

Dieser Umstand wird auch in folgendem Koranvers klar und deutlich betont:

„FA AYNAMA TUWALLU FASAMMA WADJULLAH" (2:115)

„Wohin du dich auch wendest, du wirst das Antlitz Allahs sehen!"

Wo auch immer du hinschaust, du bist Angesicht zu Angesicht mit den Manifestierungen der Namen von Allah.

Das arabische Wort **„Wadj"** bedeutet **„Antlitz/Gesicht"** ... Sagt man zum Beispiel, du wirst die **Wadj des Hz. Mohammed** sehen, so bedeutet das, dass du sein **Gesicht** sehen wirst ... **Im Koran** kommt dem Ausdruck **Wadj** eine besondere Bedeutung zu, die eine große Wichtigkeit besitzt und unbedingt zu beachten ist ...

Dieses Thema werden wir, so Allah will, in unseren nächsten Büchern ausführlicher behandeln ..., aber da wir gerade bei diesem Thema sind, wollen wir nicht ohne eine kurze Erklärung fortfahren ...

Die Feststellung **„außer seinem Antlitz wird alles untergehen"** besagt nicht nur, dass in unserer Zeitdimension ein Tag kommen wird, an dem alles untergehen wird! Gewiss wird am *Jüngsten Tag* so etwas Ähnliches geschehen, wir wollen hier aber die Beziehung dieses Satzes zu diesem Augenblick betonen.

„Untergehen" meint hier eigentlich den jetzigen Augenblick, in dem wir leben und ist jederzeit gültig ... Dieser Umstand kann von solchen Personen, die mit den „Augen der Seele" sehen können und den hohen spirituellen Rang des **Kaschf** oder **Fath** erreicht haben, ständig beobachtet werden!

Dies wird schon in dem Vers

„Wohin du dich auch wendest, du wirst immer das Antlitz Allahs sehen (du bist Angesicht zu Angesicht mit den Manifestierungen von Allahs Namen)" (2:115)**

offen und klar betont.

Das Geheimnis, das hier vermittelt werden soll, ist folgendes:

Da der „Innere Blick" mit den *Augen der Seele* bei den meisten Menschen nicht geöffnet und wie verschleiert ist, können sie die Wahrheit nicht erkennen, dass die Geschöpfe durch die Namen von Allah erschaffen worden sind, welche sich aus ihrer Essenz heraus manifestieren und so das **Antlitz Allahs** bilden ...

Denn wohin du dich mit deinem Kopf wendest, also wohin du mit deinem „Inneren Blick" schaust, du wirst immer **Allahs Antlitz** erkennen, denn **HU** ist **ewig ...**

Das bedeutet: **In Wahrheit besteht seit dem ursprungslosen Anfang bis in alle Ewigkeit nur das ewig bestehende Antlitz Allahs!**

Das Einzige, was **Allahs Antlitz** verhüllt, sind die **Namen und Etikettierungen**, mit denen alle Dinge bezeichnet werden, denn diese wurden den Dingen im Nachhinein gegeben und verschleiern wie ein Vorhang das **Vorhandensein Allahs** in allen Dingen und lenken von HU ab, welcher alle Dinge durch die Bedeutungen seiner Namen zur Manifestierung bringt ...

13

DEM „SELBST" (NAFS) UNRECHT ZUFÜGEN ... WAS VERSTEHT MAN DARUNTER?

Wir müssen wissen, dass es ganz egal ist, was wir mit welchem Namen auch immer bezeichnen, alles manifestiert sich aus Allahs Namen heraus!

Denn **Allah** ist solch ein **Allah**, dass man nicht von der Existenz eines anderen Wesens außer HU sprechen kann!

Ob von den **individuellen Eigenschaften** her oder von den durch ihn **manifestierten Bedeutungen** oder durch die **Handlungen**, die durch diese **Bedeutungen** hervorgebracht werden – jeden Augenblick, in jeder Form wird immer an **HU** gedacht, wird immer von **HU** gesprochen ...

Und immer dann, wenn du dir etwas außerhalb von HU vorstellst oder davon sprichst, setzt du das Vorhandensein eines zweiten Wesens neben Allah voraus ...

Dieser Zustand wird mit einem Wort bezeichnet, nämlich „Schirk" (= „Dualismus"). *(A. d. Ü.: Das Gehirn befindet sich durch die dualistische Betrachtungsweise in einem Zustand, dass es Dinge mit Allah bewusst oder unbewusst assoziiert und gleichsetzt. Zum Beispiel der Gott und ich oder Sonne, Mond, Sterne und einen Gott oder auch mehrere Götter etc., alles ist getrennt und existiert eigenständig ...)*!

In folgendem Koranvers wirst du vor dieser Situation gewarnt:

„Wende dich nicht zu einem Gott hin (äußere Manifestierung von Kräften) **neben Allah!" (28:88)**

Denn ...

„Ohne Zweifel ist „Schirk" *(A. d. Ü.: Allah einen Teilhaber zuschreiben, etwas mit Allah zu assoziieren oder zu vergleichen, d. h. Dualität)* **eine gewaltige Grausamkeit ...!" (31:13)**

Warum stellt„Schirk" **Grausamkeit** dar ...?

Grausamkeit wem gegenüber ...?

Es stellt Grausamkeit gegen dein Selbst dar, gegen dein essentielles Selbst!!!

Denn wenn du aus Unkenntnis deines eigenen Wesens, weil dir der Ursprung **verschleiert** ist, einen **Gott im Jenseits, außerhalb von dir**, irgendwo **da oben,** anbetest, so gesellst du zu **Allah** ein zweites Wesen und versagst dir die Erkenntnis unzähliger Eigenschaften, die in deinem ursprünglichen Wesen enthalten sind! Auf diese Art begehst du das größte **Unrecht** gegen dich selbst!

Denn die Versagung der Wahrheit über den wahren Ursprung deines **Selbst**, das du mit **„Ich"** bezeichnest, ist die größte Ungerechtigkeit, die dir zugefügt werden kann ... und diese Ungerechtigkeit fügst du dir auch noch selbst zu, indem du die notwendigen Handlungen auf dem Weg zur Erkenntnis nicht verrichtest ...

Die Feststellung: **„Wer sein Selbst (Nafs) nicht kennt, erkennt seinen Herrn (Rabb) nicht!",** resultiert aus der Erkenntnis:

„Wer sein Selbst erkennt, kennt seinen Herrn!"

Denn eine Erkenntnis **Allahs** ist nur durch das Verstehen **Allahs** möglich ...

Und dieses Verstehen ist nur dann möglich, wenn wir **Allah, wie ihn Sein Rasul Mohammed** (saw) **beschreibt,** begriffen haben ...

Nach so vielen Worten sind wir jetzt beim **„Ich"** angekommen!

Wenn es neben Allah kein zweites Wesen gibt, wer oder was ist dann das Wesen, was mit **„Ich"** bezeichnet wird ...? Wie ist es entstanden?

Welche Anhaltspunkte wurden uns gegeben, um diese Frage zu lösen ...?

Wir werden versuchen, die Frage im Einklang mit den bisherigen Beschreibungen **Allahs** zu erklären ...

Denn wenn wir eine Erklärung gäben, die entgegen den vorhergehenden Beschreibungen Allahs wäre, so verfielen wir automatisch in die falsche Auffassung, dass es eine Person und einen „Gott" gibt ...!

Der **Koran** gibt über das Erschaffungsziel des Menschen folgende Kenntnis:

„... Es ist ohne Zweifel, ich werde auf der Erde (Körper) **einen Stellvertreter** (bewusstes Wesen, welches mit der Bewusstheit der Namen lebt, welche sein essentielles Selbst bildet) **erschaffen ..."** **(2-30)**

Hier fällt uns als Erstes der Umstand auf, dass der Mensch als „Stellvertreter auf Erden" eingesetzt wurde und nicht des Kosmos oder Universums.

Als Zweites fragen wir uns, aus welchen Gründen der Mensch zum „Stellvertreter" wurde ...

Auch wie der Mensch zum **Stellvertreter auf Erden** wurde, steht im Koran geschrieben ...

„Und wir lehrten Adam (ein Wesen, welches eine manifestierte und programmierte Komposition von Namen darstellt) **die ganzen Namen** (alles Wissen bezüglich der Namen und ihrer Manifestierungen)**." (2:31)**

Welche speziellen Eigenschaften qualifizierten den Menschen zum **Stellvertreter ...**? Die Antwort darauf wird uns in dem zweiten der oben beschriebenen Koranverse gegeben ...

„Wir lehrten ihn alle Namen" ...

Das ist folgendermaßen zu verstehen:

Der Mensch wurde von **Allah** mit der Eigenschaft und der Fähigkeit ausgestattet, so viele von **Allahs** zahllosen Namen hervorzubringen, wie **Allah** ihm zuteilt ...

Eben diese Eigenschaft und Fähigkeit, die dem Menschen gegeben wurde, ist **mit dem „Lehren aller Namen"** gemeint ...

Wie ist eigentlich das als **„Mensch"** bezeichnete Wesen, welches die Fähigkeit besitzt, die Namen Allahs hervorzubringen und der Kosmos, in dem es lebt, entstanden?

Wenn von Allah nichts reflektiert wird und nichts aus Allah heraus entstanden ist, wie sind dann die Wesen, welche wir mit unseren fünf Sinnen erfassen können oder jene im Koran beschriebenen Dinge wie Engel, Djinn, das Paradies, die Hölle, das Reich von Barzakh und die unzähligen anderen Dinge, die wir nicht erfassen können, entstanden ...?

14

VON WO AUS ENTSTEHT IN DER GRENZENLOSEN EINHEIT DIE VIELFÄLTIGKEIT?

Da der Eine, der mit dem Namen Allah bezeichnet wird, die EINZIGE Existenz darstellt, wie ist die scheinbare Vielfältigkeit entstanden? Wenn die Existenz ursprünglich innerhalb des Wissens des Einen sich befindet, wie ist die erschaffene Existenz entstanden? Wie sind diese **imaginären Formen** der Existenz, welche die **angenommen Welten** ausmachen oder welche die **illusionistische Schöpfung** darstellt, entstanden?

Ich möchte dies anhand eines Beispiels vereinfachen. Selbstverständlich kann dies nicht an demjenigen, der Allah genannt wird, angewandt werden, aber es wird uns die Dinge etwas veranschaulichen.

Stellt euch eine Welt vor, wo es Reiche, Arme, Schöne und Hässliche gibt … Stattet diese Menschen in eurer Vorstellung mit verschiedenen Attributen aus und dann lasst sie miteinander agieren …

Haben diese imaginären Wesen, welche ihr in eurem Geist erschaffen habt, eine unabhängige Existenz? Scheinbar nicht! Von wem haben sie ihre Existenz bekommen? Von dir! Du hast sie in deinem Geist erschaffen! Wem gehören ihre Attribute und

Eigenschaften? Sie gehören dir! Du hast sie und ihre Attribute geformt!

Also kann ich mir diese imaginären Wesen anschauen und dich gemäß ihnen definieren? Kann ich behaupten, dass du **die Summe all dieser Attribute** bist? Nein! Genauso, wie du diese Attribute diesen Formen zugeschrieben hast, könntest du auch ganz andere Eigenschaften anderen Formen zuschreiben ...

Erinnere dich daran, sie haben ihre Existenz deinetwegen, sie sind ohne dich nicht vorhanden, deshalb gehören all ihre Eigenschaften eigentlich dir. DU hast ihre Attribute geformt! Genausowenig, wie sie eine unabhängige Existenz von dir haben, haben sie auch keine Attribute, welche von dir auch unabhängig wären!

Wie dem auch sei, ich kann nicht dich mit diesen Attributen begrenzen, ich kann nicht behaupten, dass du nur mit diesen Attributen, Eigenschaften und Namen existierst!

Lasst uns die erzeugte und scheinbare Existenz und die ganze Vielfältigkeit anhand dieses Beispiels verstehen ...

Der Eine, der mit dem Namen Allah bezeichnet wird, der absolute Besitzer des grenzenlosen, endlosen Wissens und der Kraft hat die Vielfältigkeit mit den grenzenlosen strukturellen Qualitäten erschaffen, die Er in Seinem Bewusstsein erschaffen hat!

Wir sind Individuen, die im Wissen von Allah erschaffen wurden!

Unsere ganze Existenz und all unsere Eigenschaften gehören Allah, **aber Allah, mit Seiner absoluten Essenz, kann nicht damit definiert oder mit diesen Attributen begrenzt werden; Allah ist über alle Vergleiche, Definitionen und Gleichnisse erhaben und von ihnen unabhängig!**

Falls wir dies verstanden haben, dann können wir sehen, dass wir im Grunde genommen **aus der Sicht von Allah ein Nichts darstellen.**

Wie sehr kann ein Kunstwerk den Künstler umfassen?

Ein Künstler mag einen Moment der Inspiration haben und kann daraufhin ein unglaubliches Kunstwerk produzieren. Aber dieses

Kunstwerk kann nur die Reflexion des Geistes vom Künstler zu jener Zeit sein, vielleicht sogar nur die Reflexion einer Inspiration eines Momentes! Selbstverständlich kann es nicht den ganzen Künstler beschreiben!

Das ganze Universum, mit der ganzen Menschheit, vom ersten Menschen bis zum heutigen Tage ..., die ganze Schöfpung, alles was es auf der Erde gibt, unser ganzes Sonnensystem, die 400 Milliarden Sterne in unserer Galaxie (worin unser Sonnensystem einen Staubkorn darstellt) ... **und der ganze Kosmos, welcher aus Milliarden von Galaxien besteht, alles was wir wahrnehmen können, das grenzenlose, weite All ..., dies alles ist nur ein Bildnis von nur einem Gedanken eines MOMENTS <u>aus der Sicht von Allah</u>.**

Unser UNIVERSUM oder was wir als diese grenzenlose, endlose Existenz wahrnehmen, enthält die ganze Schöpfung, welcher der Sufismus verschiedene Namen gibt wie der **„Perfekte Mensch" (Insan al Kamil)**, die **„GEWALTIGE SEELE" (Ruh u Azam)** und der **„ERSTE INTELLEKT" (Akl i Awwal)**; dies alles ist nichts weiter als eine **MOMENTAUFNAHME <u>aus der Sicht von Allah</u>.**

Unser Kosmos, welchen wir als grenzenlos wahrnehmen und alles, was sich darin befindet, ist das Resultat dieser Schöpfung von nur **EINEM MOMENT!**

Genauso wie der menschliche Körper von nur einer Zelle geformt wurde, wurde der ganze Kosmos von nur einem Moment eines Gedankens geformt. Genauso wie das ganze Schöpfungsprogramm in nur einer Zelle vorhanden ist, ist auch der ganze Schöpfungsplan und der Plan des ganzen Universums und alles was sich darin befindet in diesem einen MOMENT der BETRACHTUNG beinhaltet. Und in Wahrheit entsteht auch hier das Schicksal.

Also wenn dies alles nur eine Projektion eines einzigen Momentes ist, stellt euch dann die grenzenlosen Universen vor, die sich innerhalb von grenzenlosen Momenten innerhalb von Allahs Wissen befinden.

Lasst uns über den Buchstaben „K" nachdenken. Stellt euch die vertikale Linie des Buchstabens vor, welche sich bis zur Grenzenlosigkeit verlängern ließe, so dass sie keinen Anfang und kein Ende hätte. Nun denkt an einen einzigen Punkt auf dieser Linie, von wo aus die zweite und dritte Linie sich ausbreitet, um den Buchstaben „K" zu formen. Wenn wir uns jetzt diese endlos lange, vertikale Linie als Allahs Wissen vorstellen, dann können wir sagen, dass der Winkel, der von der zweiten und dritten Linie geformt wurde, welcher in einem einzigen Punkt auf dieser Linie seinen Ursprung findet (einem Moment), wie unser Universum ist. Bitte beachtet, dass ich **Winkel** sage und nicht Dreieck, da ein Dreieck definierte Grenzen besitzt, im Gegensatz zu unserem Universum, welches dimensional grenzenlos ist.

Diese grenzenlose Existenz wurde in **einem einzigen Moment** innerhalb von Allahs Wissen erschaffen. Die Schöpfung hat keine Grenzen und diese grenzenlose Reflexion beinhaltet nur einen einzigen Moment. Und es gibt unzählige andere Universen innerhalb anderer Momente wie diesem! Die vertikale Linie des Buchstabens „K" beinhaltet grenzenlose Punkte und alles was wir wahrnehmen, das ganze Universum, ist nichts anderes als die Betrachtung von nur einem Punkt auf dieser Linie. Jedes einzelne Universum unter den grenzenlosen Universen ist ein Kunstwerk von Allahs schöpferischem Wissen.

Wie die Engel es im Koran bezeichnen:

„Wir können Dich nur in dem Umfang wissen und kennen, wie Du es für uns zulässt."

Das heißt, wir können Dich eigentlich nur kennen mit dem Wissen, Bewusstsein und Verständnis, welches Du uns gegeben hast; es ist nicht möglich für uns, Dich wahrlich zu kennen!

Im Wissen von Allah sind wir nichts weiter als Formen der Vorstellung unter unendlich vielen anderen Formen!

Alles, was als diese Formen projiziert wird, ist von Allah erschaffen worden.

„... Allah hat euch und euer Tun erschaffen." (Koran 37:96)

Es ist nicht schwer, dies zu verstehen. Denkt über das Beispiel nach, welches ich euch vorher gegeben habe. Denkt über die Formen nach, welche ihr euch in eurem Geist erschaffen habt und lasst sie miteinander agieren. Wenn sie sich gegenseitig begegnen und ein bestimmtes Verhalten zeigen – wird ihre getrennte, abhängige Existenz ihr Verhalten bestimmen? Oder werden sie die natürlichen Aktivitäten ihrer Attribute zum Vorschein bringen, mit welchen ihr sie ausgestattet habt? Das Zweite kommt natürlich zum Tragen! Deshalb: Wir, als die Schöpfung Allahs, stellen nur Vertreter dar, um Allahs Qualitäten, Attribute und Willenskraft zu manifestieren. Und dieser Akt der Manifestierung von Allahs Eigenschaften ist die Wahrheit über das **Dienen**!

Inwieweit kann ich dich kennen oder du mich? Ich kann dich nur so weit kennen, wie ich mich kenne. Und du kannst mich nur so weit kennen, wie du dich selbst kennst. Falls ich eine Eigenschaft besitze, an der es dir mangelt, dann kannst du niemals meine spezielle Eigenschaft kennen. Und falls es bei mir an einer Eigenschaft mangelt, die bei dir aber vorhanden ist, dann kann ich niemals dich mit dieser Eigenschaft kennen.

Falls innerhalb dieses Universums ein anderes existiert, welches wir nicht wahrnehmen können, dann können wir es niemals unterscheiden und auswerten. Also wenn wir in diesem Lichte nachdenken … Wir können nur die grenzenlose Existenz, welche durch den Namen Allah erwähnt wird, so weit kennen, wie Er sie auf uns reflektieren lässt. In der Tat ist die Grenzenlosigkeit Allahs aufgrund der Bedeutungen, die auf uns projiziert werden. **In Wahrheit ist Allah unabhängig von Konzepten wie Grenzenlosigkeit und Endlosigkeit**.

Obwohl ich den Buchstaben „K" angab, um dieses Thema zu vereinfachen, sollte man dies nicht so verstehen, als ob es nur eine Linie von unendlichen Punkten gibt. Es sollte als Plattform der Grenzenlosigkeit verstanden werden. Als ein grenzenloser Raum voller grenzenloser Punkte und unser Universum ist nur ein einziger dieser Punkte.

Nun, jetzt lasst uns das Ganze noch einen Schritt weiter denken …

Denkt an den Winkel, der von einem dieser Punkte sich formt und versucht, seine Grenzenlosigkeit zu begreifen … Jetzt, in diesem dimensionalen, grenzenlosen Winkel, gibt es unzählige andere Punkte und jeder einzelne dieser Punkte projiziert auch grenzenlose Winkel ... Mit anderen Worten: Ein Winkel innerhalb von Winkeln innerhalb von Winkeln und alles innerhalb eines einzigen Punktes in einem Raum voller grenzenloser Punkte! So ist die Schöpfung!

15

DAS WISSEN UM DEN „PUNKT"

Es wurde Folgendes gesagt:

Was beim Punkt anfängt, endet beim *„Alif" (A. d. Ü.: Der erste Buchstabe im arab. Alphabet, welcher mit einem einzelnen Strich gezeichnet wird und die Einheit symbolisiert).*

Das heißt, alles fängt am Punkt **der Einheit** (Ahadiyyat) an und endet am Alif der **Einheit der Schöpfung** (Wahidiyyah). Die ganze Existenz ist nur eine *Art Reflexion*, welche im Sufismus als **Eine Theophanie** oder als **Göttliche Selbst-Enthüllung Allahs** (Tadjalli Wahid) bezeichnet wird.

Es wird auch noch Folgendes gesagt:

Was am Punkt anfängt, endet am *„Siin". (A. d. Ü.: Siin ist der zwölfte Buchstabe und steckt im Wort „INSAN", welches Mensch bedeutet.)*

Hier wird darauf hingewiesen, dass *SIIN* **Mensch** bedeutet und der Punkt auf den **Einen (Ahad)** hinweist.

Der Koran beginnt mit dem Buchstaben **„Bā"** *(der zweite Buchstabe im arab. Alphabet)* der Basmalah. Um präziser zu sein, mit dem Punkt unter dem **„Bā"**. Wenn der Punkt verlängert wird, wird es zum **„Alif"**!

Genauso, wenn man eine Linie zeichnet, man an einem Punkt anfangen muss, welche dann die Quelle wird, von wo aus die Linie sich verlängert. Das **„Bā"** der Basmalah ist die Quelle aller Buchstaben im Koran, denn der Punkt verändert sich nie. Jeder Buchstabe ist eine Serie und Ansammlung von Punkten, welche zusammenkamen und wie Linien aussehen. *(A. d. Ü.: Punkte werden zu Linien unterschiedlicher Formen und Buchstaben, Wörter, Sätze, Bücher und Büchereien entstehen, d. h. es entsteht Wissen. Im übertragenen Sinne sind aus dem Punkt Welten entstanden).* In ihrer Essenz sind sie Wiederholungen des gleichen Punktes!

Hazrat Ali (RA) hat gesagt:

„Ich bin der Punkt unter dem „Bā'"! (Vielleicht hat er gemeint: *„Ich bin Nichts und auch gleichzeitig Alles .... Ich bin „Alif".*)

Die letzte Sure im Koran heißt **„Nas"**, welches **Menschheit** bedeutet. Wie schon erwähnt, repräsentiert der Buchstabe **„SIIN"** den **Menschen**. Deshalb heißt die Sure **„Ya Siin"** auch **„Oh Menschheit"**.

Was wir haben, ist ein Halbkreis, welcher vom Punkt zum Menschen geht und die Reise des Menschen durch sein Bewusstsein kehrt wieder zum Punkt zurück.

Sich mit **„Allah"** zu vereinen, **„Allah"** zu erreichen, ist im Menschen mit dem manifestierten **„Wissen um den Punkt"** möglich!

Wird das **„Wissen um den Punkt"** die Menschheit (Nas) nichtig machen?

Da gemäß ihrer wahren Existenz die Menschen keine unabhängige Existenz haben, ergibt es keinen Sinn, darüber zu reden, etwas zu verlieren, was von vornherein sowieso nicht existiert hatte.

Die Erde …

... und die Sonne, an welche die Erde gebunden ist und solch eine Größe besitzt, so dass die Erde 1,3 Millionen Mal hineinpasst …

Eine Galaxie, welche über 400 Milliarden Sterne wie die Sonne beinhaltet …

Das Universum, welches Milliarden solcher Galaxien beherbergt …

Andere grenzenlose Universen, welche durch andere grenzenlose Systeme der Wahrnehmung wahrgenommen werden …

Universen innerhalb von Universen …

Und letztendlich ein einziger Punkt, welcher einen Winkel formt, von welchem aus all diese grenzenlosen Universen ihren Ursprung nehmen … Ein einziger **PUNKT**, ein einziger **MOMENT** … – **„DAHR"** *(„ZEIT")*!

Der Name **„ALLAH"** …, derjenige, der bezeichnet wird als der Schöpfer all dieser grenzenlosen Punkte, Momente und all der Winkel, die von ihnen projiziert werden, um die grenzenlose Anzahl an Universen innerhalb der Universen zu formen!

16

NAMEN

Das Wort „**Allah**" ist ein Name!

Ein Name ist ein Wort, das auf etwas hinweist und „**Allah**" ist kein Name, welcher auf einen Gott hinweist.

Wahrlich, dieser Name wird überhaupt nicht im Zusammenhang mit dem Konzept eines Gottes gebraucht!

Dieser Name wird gebraucht, um unsere Aufmerksamkeit auf etwas hin zu richten; wir werden aufgefordert nachzudenken, auf was mit dem Wort „**Allah**" hingewiesen wird, so dass wir die Wahrheit entschlüsseln können …

Also wenn du jetzt ein paar meiner Bücher hättest oder du mein Foto irgendwo gesehen hättest und dich jemand fragen würde: „Kennst du Hulusi?", wie realistisch wäre deine Antwort, wenn du „ja, ich kenne ihn" sagen würdest? Wie sehr können ein Foto und ein paar Bücher, welche manche meiner Gedanken zu einem bestimmten Zeitpunkt in meinem Leben widerspiegeln, meine wahre Persönlichkeit wiedergeben? Menschen verbringen ein Leben lang miteinander und kennen sich trotzdem noch nicht! Alles, was du wirklich aufgrund dieser Informationen über Hulusi wissen kannst, sind seine physische Erscheinung und dass er sich mit Sufismus beschäftigt.

Wie sehr kann ein Kunstwerk seinen Künstler wiedergeben? Alles, was in einem Kunstwerk festgehalten werden kann, sind die Gedanken und die Vorstellung des Künstlers zu dem Zeitpunkt, wo er dieses Kunstwerk erschaffen hat. Nichts weiter.

Und wie ist es mit der Persönlichkeit des Künstlers? Sie ist gänzlich unbekannt!

Also wenn Hulusi nur ein Wort ist, welches auf einen Autoren dieser Bücher hinweist und wenn es nicht möglich ist, Hulusi aufgrund seines Namens zu kennen, dann ist es auch genauso unmöglich, die Existenz, die sich „**Allah**" nennt, nur auf dem Namen basierend zu kennen.

Also wenn das Wort „**Allah**" nur ein Name ist, welcher unsere Aufmerksamkeit auf ein Verständnis einer bestimmten Wahrheit hinweisen soll, was ist dann diese Wahrheit, welcher wir uns bewusst sein sollten?

Wenn wir uns erinnern, dass das Bekenntnis und Wort der Einheit *(Kalima i Tawhid = La ilaha illAllah)* jedes Konzept von Gott denunziert und beansprucht, dass nur Allah existiert, dann folgt daraus Folgendes:

Alle durch die Menschen wahrnehmbaren und nicht-wahrnehmbaren Dinge, d. h. alle relativen und absoluten Dimensionen der Existenz, sind eine Pojektion eines **EINZELNEN MOMENTES** *aus der Sicht von Allah*! Es ist nur ein Moment, gemäß HU, unter unendlich vielen anderen!

Alles, was wir wahrnehmen, nicht wahrnehmen, erkennen, wobei wir versagen, es zu erkennen, was wir uns vorstellen oder erschaffen, ist in diesem **EINEN MOMENT der PROJEKTION des EINEN, der „ALLAH" genannt wird**, beinhaltet.

Dieser Moment ist ein Punkt gemäß der Sichtweise von HU.

Dieser Punkt, gemäß unserer Sichtweise, ist der Ursprungspunkt von allen Manifestationen.

Die Menschheit, die Djinn, die Engel und alle Universen innerhalb der Universen der Wahrnehmung wurden alle von diesem Punkt heraus manifestiert.

Denkt über einen einzelnen Punkt inmitten der Grenzenlosigkeit nach!

Als Punkt erschaffen, ist die universale Existenz gemäß ihrem Wissen der **ERSTE INTELLEKT** (Akl i Awwal), gemäß ihrem Leben ist sie die **GEWALTIGE SEELE** (Ruh u Azam), gemäß ihrer Essenz ist sie die **WAHRHEIT VON MOHAMMED** (Hakikat-i Mohammed) und gemäß ihrer Personifizierung ist sie der **PERFEKTE MENSCH** (Insan i Kamil)! <u>**Dies ist die Existenz, auf welche durch HU hingewiesen wird!**</u>

Jedoch …

Diese personifizierte Existenz ist nur eine Form des Wissens innerhalb des Wissens Allahs, dessen Existenz von HUs Namen *(Asma ul Husna – die schönen Namen)* genommen werden. Deshalb kann seine Existenz nicht unabhängig vom Punkt sein.

Alle wahrnehmbaren Attribute und Namen und die betrachtbaren Vorgänge innerhalb des absoluten Universums, welche vom Punkt heraus erschaffen wurden, sind alle <u>**gemäß HU entstanden, der sich in jedem Moment in einem neuen Zustand befindet!**</u>

Das Bewusstsein über den Punkt, welches auf den „**Perfekten Menschen**" hinweist, welcher nur einen einzigen Punkt oder Moment inmitten von grenzenlosen anderen Punkten aus der **Sicht von Allah** darstellt, ist unabhängig vom Wissen desjenigen, der die Bewusstseinsstufe des „**Nafs i Mardiyya**" (das „gefällige" Selbst) erreicht hat und ist nicht mit der „erschaffenen" Existenz zu vergleichen.

Die Begriffe „**grenzenlos**" und „**endlos**" sind nur gültig gemäß der Manifestierungen der Namen und Attribute von **HU** durch den „**Perfekten Menschen**"; außerhalb des Punktes werden sie obsolet.

Der Mensch, der seine Existenz innerhalb des Punktes erhalten hat, hat keine Existenz direkt am Punkt **(DAHR)**!

Nun, im Lichte von all diesem betrachtet, lasst uns den Stellenwert des Wortes „Allah" neu in Erwägung ziehen, ein Wort, welches zum Punkt jenseits des Punktes führt, um die grenzenlosen Punkte aus der Sichtweise desjenigen anzudeuten, der JENSEITS sich befindet!

17

DER PUNKT IST DIE REALITÄT, DIE PROJEKTION IST DIE ILLUSION

Alles was rotiert, muss definitiv um einen Mittelpunkt rotieren. Das heißt, am Mittelpunkt von allem, was rotiert, gibt es einen unsichtbaren **Punkt**!

Alles innerhalb des Mikro- und Makrofeldes der Existenz ist aktiv an einer Bewegung der Rotation beteiligt.

Dies ist es, worauf das Wort **„SubhanAllah"** hinweist!

Wenn man von außen auf einen Kreis sieht, dann kann man den Kreis und seinen Mittelpunkt sehen. Mit anderen Worten, bei einem Kreis werden zwei Dinge beobachtet: **der Radius** und **der Mittelpunkt**. Aber im Grunde genommen ist weder der Radius noch der Mittelpunkt wichtig, sondern **der Konus, d.h. der Vortex!**

In Wahrheit ist der Kreis eine Projektion, welche vom Punkt her ihren Ursprung nimmt. **Der Punkt ist das Tatsächliche; der projizierte Kreis ist nur die Illusion. Das heißt, die Projektion ist durch den Punkt geformt, mit dem Wissen des Punktes, innerhalb des Wissens des Punktes.**

Jemand, der von außen auf den Punkt schaut, wird immer nur den Kreis und seinen Mittelpunkt sehen; jemand, der von außen betrachtet, wird immer nur den **Dualismus** sehen! Eine Sichtweise, welche einen nicht vom **„Schirk"** *(A. d. Ü.: Durch diese Sichtweise wird die Essenz oder das Wahre von allem nicht gesehen; man ist blind und sieht den „Wahren" nicht)* befreien kann!

Jemand, der seine Identität verliert, wird die Projektion vom Punkt her betrachten mit demjenigen, der vom Punkt aus betrachtet … Er wird am Punkt der Einheit sein, wo er seine EIGENE VORSTELLUNG betrachtet. Das Konzept des Dualismus (Schirk) wird seine ganze Gültigkeit verlieren!

Die Idee vom Kreis und seinem Mittelpunkt geht eigentlich auf **eine optische Illusion** zurück. Dies ist die Illusion desjenigen, dessen Bewusstsein durch die Organe versklavt wurde!

Derjenige, der als **reines, universales Bewusstsein** wahrnimmt, wird die Projektion auch als **reines, universales Bewusstsein** betrachten. Aus der Sichtweise des Organs gibt es eine Linie, aus der Sichtweise des Bewusstseins gibt es nur Punkte, die eine Linie formen …

DER PUNKT!

Die Projektion …

Kreise, die durch Linien geformt werden, die aus Punkten bestehen …

Diejenigen, die rotieren …

Punkte, von denen angenommen wird, dass sie rotieren …

Fa Subhan Allah!

18

DIE WAHRHEIT, WELCHE MIT DEM NAMEN „HU" BEZEICHNET WIRD

Das arabische Wort „HU" deutet auf dimensionale Unabhängigkeit hin jenseits aller Konzepte der Quantität und Qualität.

„Hu" bezeichnet die Einheit der Essenz unterhalb des Schleiers der Vielfältigkeit. Der Name „Hu" deutet auf die **AHAD**-Eigenschaft am Punkt hin.

„HU" ist die Dimension der Einheit in der Essenz des Teiles.

Diese Dimension der Einheit ist es, welche die Existenz der Individuen formt. Sie ist die Quelle der ganzen Existenz!

Das Leben, welches sich in deinen Fingerspitzen befindet, kommt zustande aufgrund des Blutes und der Energie, welche von den Gefäßen zu deinem Arm fließt. Deshalb werden die Bewegungen und Aktivitäten deiner Finger von den Signalen deines Armes geführt.

„HU" kann auch als „Er" oder die **„Essenz des Einen"** bezeichnet werden.

Alles, was wir durch unsere physischen Augen sehen können, wird mit dem Namen **az Zahir** bezeichnet (der Explizite, die wahrnehmbare Manifestation). Der Name **Al Batin** (die nicht-wahrnehmbare Wahrheit innerhalb der wahrnehmbaren Manifestation) auf der anderen Seite bezeichnet alle Dinge, die nicht durch die Augen und Ohren oder anderen Sinnesorgane wahrgenommen werden können.

Gemäß deiner Sichtweise (mit den fünf Sinnen) ist die Gesamtheit von all diesem der EINE. Das heißt, gemäß deiner Sichtweise bezeichnet diese ganze **scheinbare** Vielfältigkeit (welche nur *scheinbar* ist aufgrund der fünf Sinnesorgane) die EINE Existenz – HU –, als sie „Er" ist!

Jetzt lasst uns nachdenken …

Jetzt lasst uns versuchen, die Essenz von dem, welches wir als „**ICH**" bezeichnen, zu erkennen und zu identifizieren.

Lasst uns zur Essenz der Materie gehen und uns auf die Ebene der Moleküle, Atome, Neutronen, Quarks und Quanten „**zoomen**" und uns letztendlich zwingen zu versuchen, uns als Wellen von Partikeln wahrzunehmen …

Dieses Zoomen durch die Dimensionen hinweg ist im Grunde genommen der Vorgang des „**Aufstieges**" *(Miraadj)*!

Der unendliche Kosmos in unserer Wahrnehmung ist wie ein Winkel, der von einem einzigen Punkt in einem einzigen Moment projiziert wurde. Um es zu wiederholen: Diese grenzenlose Existenz, welche wir als Kosmos bezeichnen oder als Universen innerhalb von Universen, nimmt nur einen Winkel von nur einem Punkt von einem Moment unter grenzenlos vielen anderen aus der Sicht von „HU" in Anspruch!

Derjenige, der als „Perfekter Mensch" (Insan-i-Kamil) bezeichnet wird oder als „Wahrheit des Mohammed" (Hakikat-i Mohammedi) ist auch von diesem einzigen Punkt heraus entstanden. Der Punkt symbolisiert den Ursprung.

HU ist der Schöpfer unendlicher Punkte und der Punkt des feinen Punktes innerhalb jeden Punktes!

HU bringt aus Seinem Wissen vom Punkt heraus etwas zur Schöpfung/Existenz, d. h. mit der „*rohen Kraft der Vorstellung*",

wenn man es so bezeichnen kann.

Hu ist jenseits und unabhängig von all diesem!

Dies ist die Wahrheit, die als „Hu" bezeichnet wird, welche von allen Muslimen unterschieden werden muss!

19

ÜBER DIE FUNKTIONEN DES GEHIRNS

Das **Gehirn**, mit dem wir alles analysieren, ist gemäß unserer vorhandenen Wahrnehmungssynthese eine chemische Verbindung.

Diese chemische Verbindung lässt durch bioelektrische Aktivität verschiedene Funktionen entstehen und erzeugt alle sichtbaren Genesen unserer Existenz ...

Die chemische Verbindung, die durch eine molekulare Struktur und die in den **DNS-** und **RNS-**Ketten verankerten genetischen Informationen gebildet wird, steht auf der einen Seite durch ihre Struktur bedingt mit der Zellbiochemie und der Bioenergie in Verbindung; auf der anderen Seite befindet sie sich unter dem Einfluss der kosmischen Strahlung, welche von den Wesen der unteratomaren Dimension gebildet wird ...

Wenn wir ein bekanntes Beispiel anführen sollen, können wir die kosmische Strahlung nennen, die durch die Kernfusion in der Sonne entsteht ...

Diese Strahlen benötigen acht Minuten, um von der Sonne auf die Erde zu gelangen und erzeugen in den kleinsten Teilen von uns, in unseren Zellen und in noch kleineren Untergruppierungen, bestimmte Reaktionen, während sie in $^1/_{60}$ Sekunde unseren Körper durchqueren ... Dieselben Strahlen setzen ihren Weg, nachdem sie die Erde durchquert haben, in den Weltraum fort ...

Und wir sind unser gesamtes Leben lang, in jedem Sekundenbruchteil ununterbrochen kosmischer Strahlung gleich einem kosmischen Strahlenregen ausgesetzt, der von den verschiedenen Sternformationen des Alls, welche man mit ihrem alten Namen als **Sternzeichen** bezeichnet, ausgeht und ständig die Erde und alle darauf vorhandenen Wesen erreicht, diese Wesen durchdringt und dabei verschiedene Einflüsse auf sie ausübt ...

Es ist bedauerlich, dass das menschliche Wissen bei der Erkenntnis und Dechiffrierung dieser Genese noch auf einer äußerst **primitiven** Stufe steht.

Denn unser Gehirn wertet diese Strahlungen aus, die von außen kommend durch das Auge, die Ohren, die Nase, die Zunge und die Haut sowie durch andere Wahrnehmungsmechanismen, welche wir bisher noch nicht definieren können, aufgenommen werden.

Die erste fundamentale Programmierung des Gehirns erfolgt in der Gebärmutter ... Manche weisen sogar auf einen Punkt hin, den wir bisher noch nicht bemerkt haben, indem sie sagen, dass bereits vorher, während der Vereinigung von Mann und Frau, durch deren Gehirnfunktionen die Spermien und die Eizelle zum ersten Mal vorprogrammiert werden. Da dies jedoch außerhalb unseres Themas liegt, möchte ich dieses hier nicht weiter besprechen.

Das Gehirn ist ein Analysezentrum. Im Grunde gibt es im Hirn keine Dinge wie Bilder und Töne. Als bestes Beispiel dafür können wir das Innere eines Fernsehapparates oder eines Computers nennen. Im Fernsehen existieren keine Bilder und keine Stimmen.

Der 220 Volt starke Strom liefert die Energie, wie sie beim Menschen durch Essen und Trinken aufgenommen wird, die Transistoren, Dioden, Schaltungen und Mikrochips im Inneren des Fernsehapparates bilden das Analysezentrum für die eingehenden Impulse. Die von außen über die Antenne oder irgendeinen Kabelsender empfangenen strahlen- oder wellenförmigen Botschaften werden in diesem Zentrum analysiert und in Bilder und Stimmen umgewandelt auf den Bildschirm oder die Lautsprecher übertragen.

Das Gehirn erzeugt aus der aufgenommenen Nahrung, aus Glykose und Sauerstoff „Gebrauchsenergie"; durch die von der

Sonne ausgestrahlte „**Lebensenergie**" ernährt und entwickelt es sich.

Dabei werden die gesamten im Gehirn ablaufenden Funktionen in elektromagnetische Wellen umgewandelt und in unserem als **Seele** bekannten **holografischen** **Strahlenkörper** oder **Astralkörper** gespeichert.

Wie wir vorher schon in einigen unserer Bücher beschrieben haben, bildet sich die eigene **Seele**, welche die individuelle Persönlichkeit darstellt, ab dem 120. Tag im Mutterleib. Aus diesem Grunde ist in unserer Religion eine Abtreibung ab dem 120. Tag ein sehr großes Vergehen ...

Die **SEELE (RUH)**, welche die Engel und den Kosmos erschaffen hat, wird in der Mystik „**RUH-U AZAM**" genannt, was in etwa **DIE GEWALTIGE SEELE** bedeutet. Diese **SEELE** war schon vor der Erschaffung des Kosmos vorhanden und ist das zu allererst entstandene Wesen ...! Sie wird von ihrem Wissen her auch als **ERSTER INTELLEKT** (Akl-i-Awwal) und von ihrer Identität her die **WAHRHEIT DES MOHAMMEDS** (Hakikat-i Mohammedi) genannt ...

Wir wollen hier auf das Thema Seele nicht weiter eingehen, als in unseren anderen Büchern, da dieses Thema leider nur sehr schwer zu **verstehen** und zu verarbeiten ist; aus diesem Grunde beschuldigen uns manche Unwissende sogar:

Wie kannst du von der Seele reden, von der sogar der Rasulallah (FsmI) Mohammed nichts wusste!

Dabei ist folgende Ansprache, die sich im Koran findet, nicht an diejenigen gerichtet, die den islamischen Glauben angenommen haben, sondern an die Juden:

„Euch ist nur ein kleiner Teil des Wissens um der Seele zuteil geworden."

So schreibt auch der große islamische Gelehrte und Heilige **Imam Ghazali** im ersten Band seines Werkes „**IHYA ULUMID DIN**" (Die Wiederbelebung des religiösen Wissens) Folgendes über die Seele:

„Ihr wollt doch nicht etwa denken, dass der Rasulallah nicht um die Wahrheit der Seele wusste ...! Denn wer seine Seele nicht

kennt, kann sein Selbst (Nafs, essentielles Wesen) nicht kennen ...! Und wer sich selbst nicht kennt, kann folglich auch seinen Herrn (Rabb) nicht kennen ...! So wie die Wahrheit über die Seele dem Rasulallah bekannt war, so sind auch manche Heilige und Gelehrte nicht weit von der Wahrheit entfernt ...!"

Nachdem wir das Thema Seele besprochen haben, wollen wir uns wieder der Gehirnfunktion zuwenden ...

Wie wir kurz zuvor erläuterten, existiert eine bioelektrische Interaktion zwischen den Gehirnzellen, gleichzeitig sind sie einer ständigen kosmischen Strahlung ausgesetzt und aus einer Synthese dieser Einwirkungen heraus produziert das Gehirn verschiedene Aktivitäten.

Das Gehirn besteht aus 120 Milliarden Zellen, welche alle die gleiche Funktionskapazität besitzen, so dass eine jede Zelle die Aufgabe aller anderen Zellen erfüllen kann, ferner ist jede Zelle mit 16000 anderen Zellen verbunden ...! Dem heutigen Wissensstand entsprechend benutzt der Mensch nur 7-12 % der ihm zur Verfügung stehenden Gehirnkapazität ...!

Während wir diese zwischen 7 und 12 % schwankende Gehirnkapazität benutzen, geschehen viele Dinge, die wir mit Namen benennen, gar nicht in unserem Gehirn ...!

Zum Beispiel sagen wir, dass wir sehen, aber in unserem Gehirn sind keine Bilder enthalten ...! Im Gehirn existiert nur eine bioelektrische Interaktion zwischen den Gehirnzellen.

Durch die verschiedenen Programmierungen des Gehirns von klein auf, welche auch durch die kosmische Strahlung beeinflusst werden, sagen wir zu den Auswertungen unseres Gehirns **„wir sehen"** ... „Wir sehen" ist in Wahrheit ein Ausdruck für die **Bewertung oder Auswertung unseres Gehirns ...!** Mit anderen Worten gesagt, bedeutet der Ausdruck **„ich sehe"** eigentlich **„ich nehme mit den Augen wahr"** ...! Und dies ist auch die wahre, richtige Bezeichnung.

Denn so, wie sich die Sehkapazität verändert, verändert sich auch unsere Wahrnehmungskapazität, die Auswertung der eingehenden Impulse verändert sich ...!

Grundsätzlich ist das Gehirn ein Auswertungsmechanismus, in dem die verschiedenen Frequenzen und Wellen der kosmischen Strahlung verarbeitet werden ...

Das Gehirn strahlt bei dieser Auswertung, einerseits einem Radiosender ähnlich, alle Daten gemäß seiner Kraft nach außen ab, gleichzeitig speichert es alle Daten holografisch in dem Astral- oder Strahlenkörper, in der Seele ...

Diese nach außen abgestrahlten Wellen werden gemäß der persönlichen Chiffrierung des Gehirns eines Menschen in der Atmosphäre ähnlich wie in einem Buch bewahrt. Könnte man ein Gerät zur Dechiffrierung dieser Wellen entwickeln, so ließe sich durch die Entschlüsselung dieser Wellen das gesamte Leben dieser Person auf den Bildschirm dieses Gerätes übertragen ...

So wird dann auch in den Quellen der religiösen Bücher darauf hingewiesen, dass am Jüngsten Tag die Aufzeichnungen über das Leben aller Menschen in der „Luft" enthalten sind und es wird darauf aufmerksam gemacht, dass die Seele die Fähigkeit besitzt, diese Wellen zu dechiffrieren ...

Es ist auf zwei Wegen möglich, die nur im geringen Maße genutzte Aufnahmekapazität unseres Gehirns zu erweitern. Das kann einerseits durch die Entwicklung von Geräten geschehen, die den Aufnahmeradius unserer fünf Sinne erweitern, andererseits durch die Aktivierung der im Gehirn vorhandenen zusätzlichen Kapazitäten, durch bestimmte Übungen, wobei hier besonders die „Zikir" genannte **Rezitation von Allahs Namen** hervorzuheben ist, durch die neue Kapazitäten erschlossen werden.

Durch diese Maßnahmen werden wir in die Lage versetzt, uns Verborgenes zu erfassen und die neu erworbenen Aufnahmekapazitäten auszubauen und zu festigen.

Hier müssen wir folgenden Belang gut verstehen ...

Das Gehirn nimmt von außen die in verschiedenen Wellenlängen gesendete kosmische Strahlung auf, kann aber die Strahlungen, für welche es nicht vorprogrammiert ist, selbst wenn es sie wahrnehmen kann, nicht auswerten. Außerdem kann es die unzähligen Wellenfrequenzen nicht bewerten, deren Auswertungsgebiete sich in den ungenutzten Gehirnkapazitäten befinden.

Und doch wird unser Gehirn ständig mit kosmischer Strahlung bombardiert, deren verschiedene Wellenlängen in Wahrheit jede einzeln für sich eine bestimmte Bedeutung trägt ...

Es ist uns jedoch leider nicht möglich, diese Botschaften zu dechiffrieren und mit diesen lebendigen, bewussten Wesen eine Verbindung aufzunehmen ...! Und wenn wir das recht verstanden haben, so geht uns auf, dass das gesamte Weltall, jeder Abschnitt, insgesamt lebendig ist, als ein bewusstes Wesen lebt. Wie glücklich darf sich derjenige schätzen, der dies wahrnehmen kann!

Demnach müsste also der Kosmos, der insgesamt aus zahllosen Dimensionen, Strahlen und Quanten gebildet wird, oder die im Kosmos enthaltenen Kosmen, könnte man sie durch ein geeignetes Wahrnehmungsinstrument für diese Dimension betrachten, als ein **einziges, homogenes Wesen** erscheinen ...!

Und das, was wir als **Traum** bezeichnen, ist dieses aus Strahlen gebildete Gefüge! In Wahrheit sind auch wir Strahlenwesen, doch da wir leider an die Wahrnehmungsmechanismen unserer fünf Sinne gebunden sind, können wir im Moment diese Wirklichkeit nicht leben!

Ja, es besteht nur ein **einziges Wesen;** und in Wahrheit stehen alle Teilchen, alle Quanten untereinander in Beziehung. Eine jegliche Konzentration oder Aktivität bewirkt an einem von uns nicht bedachten Punkt gänzlich unterschiedliche Reaktionen und setzt sie in Bewegung. Im Kosmos gibt es keine unabhängig voneinander lebenden Wesen und keinen freien Willen, demnach auch keine selbständigen Persönlichkeiten ...!

Das mit „Kadar" bezeichnete **Schicksal** leitet sich aus diesem Umstand ab.

Wenn sich das so verhält, wie hat dann der **Hz. Mohammed** das **Schicksal** definiert?

Wie wird das Schicksal in den Quellen des islamischen Glaubens dargestellt?

20

WISSENSWERTES ÜBER DAS THEMA SCHICKSAL (arab. *Kadar*)

Es existieren unzählige Koranverse und Überlieferungen, die berichten, dass alles, was auf den Menschen zukommt, was er erleben wird, seit Ewigkeiten festgelegt ist. In unserem Buch **„Der Mensch und seine Geheimnisse"** *(A. d. Ü.: das Buch ist zur Zeit nur in türkischer Sprache erhältlich)* kann dies in dem Kapitel „Was ist das Schicksal" nachgelesen werden.

Hier möchte ich nur kurz einige **Koranverse** zum Thema **Schicksal** wiedergeben:

* * *

„Ihr könnt nicht wollen, es sei denn Allah will!" (76:30)

* * *

„... dabei hat doch Allah euch und eure Taten erschaffen!" (37:96)

* * *

„Wir haben alles mit seinem (geschriebenen, programmierten) **Kadar** (Schicksal) **erschaffen!"** (54:49)

* * *

„**Es bewegt sich kein Geschöpf, welches HU nicht an seiner Stirn zieht** (das Gehirn; das Programmieren des Gehirns durch den Namen *Al Fatir*) ...!" **(11:56)**

* * *

„**Sprich: »Jeder handelt gemäß seinem Programm der Veranlagung** (Fitrat) ...«" **(17:84)**

* * *

„**Kein Unglück, welches euch auf der Erde** (dem physischen Körper und der Außenwelt) **oder in eurem Selbst** (Innenwelt) **heimsucht, ist nicht schon in einem Buch festgehalten worden** (geformt in der Dimension des Wissens), **bevor Wir es zur Manifestation bringen! Wahrlich für Allah ist dies leicht.**" **(57:22)**

* * *

„**Wir informieren euch darüber, damit ihr nicht verzweifelt über eure Verluste oder anmaßend** (voller Stolz) **darüber werdet, was Wir euch gegeben haben, denn Allah liebt nicht die Prahlenden und Arroganten ...!**" **(57:23)**

Die Wörter *(Hadithe – Überlieferungen des Rasuls von Allah, FsmI)* bezüglich des Schicksals sind folgende:

Muslim (2653) überliefert, dass Abdullah ibn 'Amr ibn al-'Aas Folgendes erzählt hatte:

„Ich hörte, wie der Rasulallah (as) sagte:

»**Allah hat das Schicksal aller Geschöpfe 50.000 Jahre bevor Er die Himmel und die Erde erschaffen hatte, niedergeschrieben.**«"

* * *

Muslim überliefert auch, dass Tawus al-Yamani Folgendes sagte: „Ich hörte, dass ein paar der Gefährten des Rasulallahs (as) sagten:

»**Alles geschieht durch Schicksal.**«"

Tawus fügte noch hinzu: „Ich hörte, wie Abdullah ibn Umar sagte, dass der Rasulallah erklärte:

»Alles geschieht durch das Schicksal — sogar Inkapazität und Fähigkeit.«"

* * *

Abu Huraira erzählt (r.a.):

„Rasulallah (saw) sagte:

»Adam und Moses hatten ein Argument miteinander. Moses sagte zu Adam: »Du bist Adam, den Allah mit Seinen eigenen Händen erschuf und von Seiner Seele einhauchte, aber dein Fehler hat uns alle aus dem Paradies verbannt!« Adam sagte zu Moses: »Du bist Moses, den Allah als Rasul auserwählte und zu dem Er direkt sprach; und dennoch beschuldigst du mich einer Sache, die schon vor meiner Schöpfung niedergeschrieben wurde?«

Rasulallah sagte zweimal:

»Und so hat Adam erwiesenermaßen das Argument gegen Moses gewonnen.«„ (Sahih Bukhari Book: 55, Hadith: 621)

* * *

Abdullah (r.a.) sagte: „„Schaki' *(A. d. Ü.: derjenige, der im Jenseits für das Unglücklich-Dasein erschaffen wurde)* ist jemand, der „Schaki" in der Gebärmutter seiner Mutter ist, und der „Glückliche" *(A. d. Ü.: Sayyid — im Jenseits zufrieden und glücklich, weil er/sie eine bestimmte Form der Wahrheit seines/ihres eigentlichen Wesens erfährt und auslebt)* ist derjenige, der von den Fehlern Anderer einen Nutzen hat."

Als dies gehört wurde, ging einer der Zuhörer zu Huzaifa (RA) und erklärte ihm dies und fragte: „Wie kann jemand ein Sünder in der Gebärmutter sein, wenn er doch nichts getan hat?"

Huzaifa (r.a.) antortete: „Wieso überrascht dies das? Ich hörte wie der Rasulallah (FsmI) sagte:

»42 Tage nach der Empfängnis stellt Allah einen Engel zur Gebärmutter. Dieser Engel formt das Kind und gibt ihm Augen, Ohren, Haut, Fleisch und Knochen. Dann fragt der Engel: »Oh Allah! Was für ein Geschlecht soll das Kind bekommen?«

Allah bestimmt das Geschlecht, der Engel schreibt es nieder.

Dann fragt der Engel: »Oh Allah, wie lange soll die Lebensspanne dieses Kindes sein?«

Allah bestimmt die Lebensspanne, der Engel schreibt es nieder.

Dann fragt der Engel: »Oh Allah! Wie ist es mit seinem Lebensunterhalt?«

Und wieder bestimmt Allah, wie Er es wünscht, der Engel schreibt es nieder. Dann kommt der Engel mit der Seite in seiner Hand, wo er nichts addiert und nichts entfernt hatte, sondern nur mit dem, was Allah bestimmt hatte.«"

* * *

Anas (r.a.) berichtet:

„Rasulallah (saw) hat gesagt:

»Allah hat jeder Gebärmutter einen Engel zugestellt und der Engel sagt: »Oh Rabb! Einen Tropfen von einem Ablass (d. h. Sperma)! Oh Rabb, einen Klumpen! Ein Stück Fleisch!« Und dann, falls Allah es wünscht, dass die Schöpfung des Kindes sich vervollständigt, wird der Engel sagen: »Oh Rabb, männlich oder weiblich? Oh Rabb, Schaki oder Sayyid (glücklich oder unglücklich im Jenseits)? Was wird sein Lebensunterhalt sein? Welches Alter wird es erreichen?« Der Engel schreibt all dies auf, während es sich noch in der Gebärmutter befindet.«" (Bukhari, Muslim)

* * *

Ali (r.a.) berichtete, dass eines Tages Rasulallah (saw) mit einem Zweig in der Hand saß und den Boden damit kratzte. Plötzlich erhob er seinen Kopf und sagte:

„Es gibt keinen unter euch, der nicht seinen Platz im Paradies oder in der Hölle zugeschrieben bekommen hatte."

Sie sagten: „Oh Rasulallah, warum sich dann bemühen, warum nicht einfach alles sein lassen und einfach vertrauen?" Daraufhin sagte er:

„Nein, verrichtet eure guten Taten, den jeder wird das tun, was ihm erleichtert wurde aufgrund dessen, wofür er erschaffen wurde."

Dann hat er folgenden Vers aufgesagt:

„Was jedoch denjenigen betrifft, der den Bedürftigen gibt und Schutz vor Allah sucht und das Wort der Einheit bestätigt, Wir werden ihm den Weg zum Paradies erleichtern. Was jedoch denjenigen betrifft, der zurückhält und sich selbst als ungebunden an Bedürfnissen sieht und das Wort der Einheit ablehnt, dem werden Wir den Weg zur Hölle erleichtern." (Bukhari, Muslim, Abu Dawud, Tirmidhi)

* * *

Djabir berichtete, dass Suriqa b. Malik b. Ju'shuin gekommen ist und sagte:

„Rasul von Allah, erkläre uns unsere Religion (auf eine Art), als ob wir gerade jetzt erschaffen wurden. Was auch immer wir für Taten heute verrichten, dann ist es, weil es geschrieben und vorherbestimmt wurde oder ist es unser Tun, welches es bestimmt?"

Daraufhin sagte er:

„Alles wurde vorherbestimmt und ist geschrieben."

Suraqa b. Malik sagte: „Wenn das so ist, was ist dann der Grund, um gute Taten zu verrichten?"

Rasulallah sagte:

„Verrichtet sie, denn jedem wurde das erleichtert, was er vorhat. Derjenige, der Gutes tut, wird zum Guten erleichtert." (Muslim, Tirmidhi)

* * *

Tirmidhi berichtete:

„Omar (r.a.) fragte: »Oh Rasulallah, was sagst du, werden unsere Aktivitäten erschaffen in dem Moment wo wir sie tun oder sind sie schon vorher bestimmt worden?«

Rasulallah (saw) antwortete:

»Oh Khattabs Sohn, jedem wird das erleichtert, für welches er vorherbestimmt wurde. Derjenige, der vom Guten ist, wird für das Gute sich bemühen und derjenige, der vom Bösen ist, wird für das Böse sich bemühen!«„

* * *

Imran b. Husain (r.a.) sagte:

„Zwei Menschen vom Muzaina Stamm kamen zum Rasulallah (saw) und fragten:

»Oh Rasulallah! Sind alle Aktivitäten, die wir heute getan haben, schon vorherbestimmt und geschrieben worden, bevor wir sie ausgeführt haben oder wurden sie bestimmt und geschrieben, nachdem wir sie ausgeführt haben?«

Rasulallah (saw) sagte:

»Nein, alles war schon vorherbestimmt worden und stand schon fest. Der Vers im Buch von Allah bestätigt dies: »Das Selbst und der Eine, der das Selbst anordnet (führt, gestaltet) und das Selbst zeigt, wie es Gutes und Schlechtes tut.«" (Koran 91:7-8)

* * *

Abdulwahid b. Sulaim (r.a.) berichtete:

„Ich kam von Mekka und habe mich mit Ata b. Abi Rahah getroffen und ihn gefragt: »Oh Abu Mohammed, die Menschen in Basra sagen, dass so etwas wie Vorherbestimmung nicht existiert?«

Ata sagte: »Mein Sohn, liest du den Koran?«

»Ja«, antwortete ich.

»Dann lies die Sure Az-Zuhruf«, sagte er.

Ich begann zu lesen: »Ha-mim. Beim klaren Buch, wahrlich wir haben es zu einem arabischen Koran gemacht, so dass ihr verstehen möget. Und wahrlich ist es in der Mutter der Bücher, in Unserer Gegenwart, hoch im Ansehen und voller Weisheit.« (Koran 43:1-4)

Ata fragte: »Weißt du, was die Mutter der Bücher ist?«

»Allah und Sein Rasul wissen es besser«, erwiderte ich.

Ata führte fort: »Es ist das Buch, dass Allah geschrieben hatte, bevor Er die Himmel und die Erde erschuf. Darin wird über den Pharao berichtet und dass er zu den Bewohnern der Hölle zählt und darin ist auch der Vers enthalten: »*Mögen die Hände von Abu Lahab ruiniert sein*«.«

* * *

Ata (r.a.) sagte: „Ich habe Al-Walid, den Sohn von ʿUbadah bin As-Samit, den Gefährten des Rasulallah (saw) getroffen und ihn gefragt: »Was war die Warnung deines Vaters, als er starb?« Er sagte: »Er rief mich und sagte: ‚Oh mein Sohn! Sei ehrfürchtig vor Allah und wisse, dass du niemals Allah gebührend beachten kannst, bis du an ihn glaubst und auch an das KADAR, dem Schicksal- gänzlich-sein Gutes und sein Schlechtes glaubst. Falls du mit einem Glauben stirbst, der gegensätzlich ist zu diesem, dann wirst du zur Hölle gehen'«.“

Fürwahr habe ich den Rasulallah (saw) sagen hören:

„Wahrlich das ERSTE, das Allah ERSCHAFFEN hatte, war der Stift. Dann sagte Er zu ihm: ‚Schreibe.‘ Es sagte: ‚Was soll ich schreiben?‘ Er sagte: ‚Schreibe Al Kadar – was ist und was sein wird bis zur Ewigkeit.‘“ (Tirmidhi, Abu Dawud)

* * *

Abdullah b. Fairuz ad-Dailami sagte: „Ich kam zu Ubayy bin Ka’b und sagte: »Ich bin bezüglich des Themas Schicksal verwirrt. Erzähle mir etwas, damit Allah in meinem Herzen die Verwirrung und den Zweifel wegnimmt.« Ubayy antwortete: »Falls Allah allem im Himmel und auf der Erde Leid zufügt, dann wäre Er nicht grausam und wenn Er alles mit Seiner Rahmah *(A. d. Ü.: Gnade, d. h. ein Weg, der zu Allah führt)* segnen würde, dann wäre Seine Rahmah nützlicher als ihre gegenwärtigen Aktivitäten. Falls du Gold so groß wie der Berg Uhud im Namen Allahs spenden würdest, aber du glaubst nicht an das Schicksal und du glaubst nicht daran, dass das, was dich befallen wird, vorherbestimmt wurde und dass das, was nicht für dich vorherbestimmt wurde, dich niemals befallen kann ..., dann wird Allah deine Spende niemals akzeptieren. Falls du mit einem anderen Glauben als diesem stirbst, gehst du zur Hölle.«"

Abdullah Dailami sagte: „Dann bin ich zu **Abdullah b. Ma'sud** gegangen und hab ihm das Gleiche erzählt. Danach zu **Huzaifa b. Yaman,** dann zu **Zaid b. Sabit** und er hat auch das Gleiche von **Rasulallah (saw)** berichtet." **(Abu Dawud)**

* * *

Abdullah b. Amr (r.a.) berichtete:

„Ich habe gehört, wie der Rasulallah (saw) sagte:

»**Wahrlich, Allah hat alles zuerst in Dunkelheit erschaffen, dann strahlte Er Seine *Nuur* (das Licht des Wissens, welches die Quelle und die Essenz von allem ist) auf sie. Diejenigen, die ihren Anteil an dieser *Nuur* genommen haben, wurden rechtgeleitet; diejenigen, die von dieser *Nuur* entzogen wurden, befinden sich auf dem Irrweg. Deswegen sage ich, die Tinte, mit der Allah geschrieben hat, ist trocken geworden, d. h. alles ist vorherbestimmt und steht fest, es gibt nichts mehr zum Schreiben.«"** (Tirmidhi, Imam B. Hasan)

* * *

Abu Huraira berichtet:

„**Eines Tages befanden wir uns in einem Argument bezüglich des Schicksals, Rasulallah (saw) kam zu uns herüber. Er war so verärgert, dass seine Wangen rot wurden, als ob Granatapfelsaft darauf verschüttet wurde. Er sagte:**

»**Ist es dies, was euch angeordnet wurde zu tun? Wurde ich zu euch damit beauftragt? Als die Menschen, die vor euch waren über das Schicksal sich gestritten haben, wurden sie zerstört. Dieses schwöre ich euch, auf dass ihr nicht über das Schicksal argumentieren solltet!«"** (Tirmidhi)

* * *

Jabir (r.a.) berichtet:

„Rasulallah (saw) hat gesagt:

»**Es wird nicht angenommen, dass jemand Glauben besitzt, wenn er nicht an das Schicksal glaubt – mit all seinem Guten** und Schlechten – und wenn er nicht daran glaubt, dass alles, was sein soll auch sein wird, und alles was nicht sein soll, niemals sein werden kann.«„ (Tirmidhi)

* * *

Aisha (r.a.) berichtet:

„Rasulallah (saw) hat gesagt:

»Es gibt sechs Menschen, die Allah und auch jeder vergangene Rasul verdammt haben. Jene sind:

- diejenigen, die Dinge zu Allahs Buch hinzuaddieren,

- diejenigen, die nicht die Wirklichkeit des Schicksals bestätigen,

- diejenigen, die die Ränge der Sünder, die Allah erniedrigt hat, erhöhen und die Ränge derjenigen, die Allah erhöht hat (Salih), erniedrigen,

- diejenigen, die sich mit verbotenen Dingen beschäften im Haraam in Mekka,

- diejenigen, die meiner Familie (Ahl i Bayt – diejenigen, die das Wissen um die Wahrheit ausleben) Schaden zufügen und meine Praktiken (Sunnah) verlassen.«“

* * *

Ummu Habiba (r.a.) sagte:

„Oh Allah! Verlängere meine Lebensspanne, so dass ich nützlicher für meinen Ehemann Mohammed (FsmI), meinen Vater Abu Sufyan und meinen Bruder Muawiya sein kann.“ Daraufhin sagte der Rasulallah:

„Du hast Allah um etwas gefragt, wobei es sich um vorherbestimmte Dinge handelt: Lebensspanne, pflichtbedingte Dinge und Unterhalt. Diese stehen alle fest und werden sich nicht ändern. Hättest du um Errettung aus den Qualen des Grabes und der Hölle gefragt, dann wäre dies nützlicher für dich gewesen.“

Daraufhin fragte ein Mann:

„Oh Rasulallah! Sind diese Affen und Schweine die Affen und Schweine, die transformiert wurden (vom menschlichen Zustand aufgrund einer Strafe)?"

Rasulallah (saw) antwortete:

„Wahrlich, es gibt nicht eine Gesellschaft von Menschen, deren Abstammung weiter fortgeführt wird, nachdem Allah sie zerstört hat. Diese Affen und Schweine sind die Affen und Schweine, die in der Vergangenheit existiert haben." (Muslim)

* * *

Khalid Al-Hazza (r.a.) sagte: „Ich fragte Hasan Basri: **»Wurde Adam für die Himmel oder für die Erde erschaffen?«** Hasan Basri antwortete: **»Für die Erde.«** Ich fragte: **»Und was, wenn er nicht vom verbotenen Baum gegessen hätte?«** Er sagte: **»Da besteht keine Möglichkeit; er musste von diesem Baum essen (da es vorherbestimmt war).«** Ich sagte: **»Kannst du die Bedeutung des Verses »... kann sich niemals gegen Ihn wenden** (diejenigen, die rein in ihrer Essenz sind), **außer denen, die in der Hölle brennen sollen«** mir erklären?« (Koran 37:162-163)

Hasan Basri sagte: **»Die Satane können niemanden zum falschen Weg führen außer die, die schon bei Allah dafür vorgesehen sind, zu den Bewohnern der Hölle zu gehören.«**„ (Abu Dawud)

Khalid Al-Hazza (r.a.) berichtet von Hasan Basri:

Khalid Al-Hazza wollte etwas über folgenden Vers wissen: **„Dafür hat Er sie erschaffen"** (Koran 11:119), Hasan Basri antwortete: **„Er hat jene für das Paradies erschaffen und die anderen für die Hölle."** (Abu Dawud)

* * *

Anas (r.a.) sagte: „Rasulallah (saw) hat oftmals folgendes Gebet wiederholt:

»Oh Allah, Veränderer der Herzen, fixiere mein Herz mit Standhaftigkeit auf deine Religion.«

Wir fragten ihn: »**Oh Rasulallah! Wir glauben an dich und all deine Lehren, hast du immer noch Sorge um uns?**« Er erwiderte:

»**Ja, weil die Herzen sich zwischen den zwei Fingern von Allah befinden, Er verändert und formt sie, wie auch immer Er will.**« (Tirmidhi)

Muslim sagt: »**Alle Herzen der Menschen sind wie ein einziges Herz und sie sind zwischen den zwei Fingern von Allah, dem Rahman; Er verändert es, wie Er will.**«"

Abu Huraira (r.a.) berichtet:

„Rasulallah (saw) sagt:

»**Jede Person ist in die Religion des Fitrah (natürliche Veranlagung) hineingeboren. Später wird er zum Juden, Christen oder zum „Majusi"** *(A. d. Ü.: frühere Bezeichnung der Zoroastrier)*, **basierend auf der Religion der Eltern. Wie ein neugeborenes Tier, welches komplett und perfekt ist … Siehst du jemals etwas, welches fehlt?**«"

Abu Huraira (r.a.) sagte: „Lest, wenn ihr wollt, folgenden Vers: »**Also wendet euer Antlitz zur Fitrah von Allah, womit Er (alle) Menschen erschaffen hatte.**«" (Koran 30:30; Bukhari, Muslim, Abu Dawud, Tirmidhi)

* * *

Der längste Mensch im Paradies ist Abraham (saw). Die Kinder um ihn herum sind die Kinder, die mit der Religion des Fitrah gestorben sind. Einer der Muslime fragte: „Oh Rasulallah (saw), sind die Kinder der „Muschrik" mit eingeschlossen?"

Rasulallah (saw) sagte:

„**Ja, die Kinder der „Muschriks" sind auch mit eingeschlossen.**" (Bukhari)

* * *

Abu Huraira (r.a.) berichtet:

„Sie haben Rasulallah (saw) nach dem Zustand der Kinder von „Muschriks" gefragt (im Jenseits), woraufhin er antwortete:

»Allah weiß am besten, was aus ihnen geworden wäre, wenn sie nicht als Kinder gestorben wären.«" (Bukhari, Muslim, Tirmidhi)

Aisha (r.a.) berichtet:

„Ein kleines Kind ist gestorben und ich sagte: »Wie glücklich für ihn, er ist jetzt ein Spatz unter den Spatzen des Paradieses.«"

Rasulallah (saw) sagte:

„Weißt du denn nicht, dass Allah beides, Paradies und Hölle, erschaffen hat. Genauso wie Er manche für das Eine erschaffen hat, hat er auch manche für das Andere erschaffen!"

Gemäß einem anderen Bericht sagte er:

„Allah hat manche Menschen für das Paradies erschaffen; Er hat dies entschieden, während sie sich immer noch im Rückgrat ihrer Väter befanden. Allah hat manche Menschen auch für die Hölle erschaffen und für sie wurde dies auch entschieden, als sie sich noch im Rückgrat ihrer Väter befanden." (Muslim, Abu Dawud)

Aisha (r.a.) berichtet:

„Ich fragte den Rasulallah (saw): »Oh Rasulallah! Was ist der Zustand der Kinder der Gläubigen (im Jenseits), die als Kinder gestorben sind?«

»Sie sind von ihren Vätern abhängig«, sagte er.

»Wie kann das sein, wo sie doch nicht gelebt haben, um irgendetwas zu tun?«, fragte ich.

»Allah kennt die Dinge, die sie getan hätten, wenn sie gelebt hätten«, sagte er.

»Und was ist mit den Kinden der Nicht-Gläubigen?«, fragte ich.

»Sie sind auch von ihren Vätern abhängig«, sagte er.

»Ohne irgendetwas getan zu haben?«, fragte ich.

Er erwiderte: »**Allah weiß am besten, was sie getan hätten, wenn sie gelebt hätten.«„** (Abu Dawud)

Allah sagt im Koran:

„**Und niemals würden Wir eine Gesellschaft bestrafen, ohne dass wir vorher zu ihnen einen Rasul geschickt hätten.**" (Koran 17:15)

Anas (r.a.) berichtet:

„Ein Mann fragte: »**Oh Rasulallah! Wo ist mein Vater?**«

Rasulallah (saw) sagte: »**Dein Vater ist in der Hölle.**«

Nachdem der Mann ging, sagte Rasulallah (saw): »**Dein Vater und mein Vater sind beide im Feuer.**«" (Abu Dawud)

Zaid b. Sabit (r.a.) berichtet:

„Rasulallah (saw) war auf einem Kamel im Garten der Najjar Familie, als plötzlich das Kamel Angst bekam und wegritt, so dass Rasulallah (saw) beinahe herunterfiel. Wir bemerkten dann, dass sich vier oder fünf Gräber im Garten befanden. Rasulallah sagte: »Weiß jemand, wer hier alles begraben ist?«

»Ich weiß es«, sagte einer der Männer.

»Wann sind diese Menschen gestorben?«, fragte Rasulallah.

»**Sie sind im Zustand des Schirks gestorben**«, antwortete der Mann.

»**Die Ummah (Gemeinde) von Mohammed werden zur Verantwortung gezogen werden in ihren Gräbern. Wenn ich wüsste, dass es euch davon abhalten würde, eure Toten zu begraben, dann würde ich zu Allah beten, damit ihr die Geräusche der Qualen, welche von diesen Gräbern kommen,** hören könnt, genauso, wie ich sie jetzt hören kann.«" (Muslim, Nesei)

Sahl (r.a.) berichtet:

„**Ein wohlhabender Mann mit gutem Ruf, der den Muslimen geholfen hat, hat mit Rasulallah (saw) an der Schlacht teilgenommen. Rasulallah schaute ihn an und sagte:**

»**Wer auch immer einen Mann der Hölle sehen möchte, soll diesen Mann betrachten.**«

Daraufhin hat einer von uns diesen wohlhabenden Mann verfolgt, der aufs Schärfste gegen die Feinde des Islams gekämpft hatte. Schließlich wurde er verletzt und, um nicht den Schmerz aushalten zu müssen und schnell zu sterben, positioniert er sein Schwert auf eine Weise, so dass die Spitze auf seine Brust gerichtet war und er mit seinem ganzen Körpergewicht sich nur darauflehnen musste, damit die Brust durchbohrt sein konnte und so hatte er Selbstmord begangen. Der Mann, der ihm gefolgt war, sah dies und rannte zurück zu Rasulallah (saw) und sagte: »Ich bezeuge, dass du wahrlich der Rasul von Allah bist (d. h. deine Nachricht über diesen Mann hat sich als richtig erwiesen).«

»**Was ist passiert?**«, fragte Rasulallah (saw).

»**Du sagtest, wer auch immer einen Mann der Hölle sehen möchte, sollte diesen Mann betrachten, während er einer der größten Helfer der Muslime war. Als du dies sagtest, habe ich verstanden, dass er nicht in diesem Zustand sterben wird. Als er verletzt war, wollte er schnell sterben und so hat er sich selbst umgebracht.**«

Rasulallah sagte:

»**Wahrlich jemand, der ein Diener ist (im Wissen von Allah), wird die Dinge tun, die zu den Bewohnern der Hölle gehören und jemand, der eine Person der Hölle ist, wird die Dinge tun, die zu den Bewohnern des Paradieses gehören, aber was zählt, sind die Dinge, die sie tun am Ende ihres Lebens (der Zustand in dem sie sterben).**«" (Bukhari)

* * *

Abdullah b. Amr (r.a.) berichtet:

„Rasulallah (saw) kam mit zwei Büchern in der Hand und fragte:

»Wisst ihr, was dies für Bücher sind?«

Wir sagten: **»Wir wissen das nicht, Rasulallah, aber wenn du es uns erzählst, dann werden wir es lernen.«**

Bezüglich des Buches in der rechten Hand sagte er:

»Dies ist das Buch, welches vom Rabb der Welten (die Quelle der grenzenlosen Bedeutungen der Namen) geschrieben wurde, es beinhaltet die Namen der Bewohner des Paradieses und die Namen ihrer Väter und Vorfahren.«

Und dann erklärte er die Eigenschaften dieser Menschen bis zum Ende. Dann sagte er:

»Von jetzt an bis zur Ewigkeit wird kein anderer Name zu dieser Liste hinzugefügt werden und es wird auch kein Name herausgenommen werden.«

Daraufhin fragte der Nabi: **»Wenn dies etwas ist, was schon beschlossen wurde und schon als erledigt gilt, warum sollte man dann noch eine Tat begehen?«**

Rasulallah (saw) sagte:

»Die Bewohner des Paradieses werden dort eintreten, indem sie ihr Leben mit den Taten der Bewohner des Paradieses ausführen, während diejenigen, die die Bewohner der Hölle sind ihr Leben beenden werden, indem sie die Taten, die für die Hölle vorgesehen sind, ausführen werden.«

Dann bewegte er seine Hände, als ob er etwas werfen würde und fügte hinzu:

»Allah hat die Schicksale Seiner Diener angeordnet und bestimmt. Manche gehen ins Paradies und manche zur Hölle.«„

* * *

Abu Huraira (r.a.) berichtet:

„Rasulallah (saw) sagte:

»**In einer Zeit, wenn Menschen morgens Gläubige sind und Ungläubige** *(A. d. Ü.: „Kafir" kommt von KUFR, wortwörtlich: bedecken, d. h. ein Gehirn, welches sich der Aufnahme bzgl. der absoluten Wahrheit verschließt und deshalb diese Informationen „abdeckt" und dementsprechende Taten auslebt)* **in der Nacht oder Ungläubige morgens und Gläubige in der Nacht und wenn die Religion verkauft wird im Austausch für einen geringen weltlichen Gewinn und wenn Fitna** *(A. d. Ü.: Zwietracht – Dinge, die die Einheit vernichten)* **wie die Wellen einer dunklen Nacht ist, dann beeilt euch zu _aufrechten_ Taten** *(A. d. Ü.: Salih Amal – eine Tat, welche eine Person zu seiner essentiellen Wahrheit führt oder dahin voranschreiten lässt, gilt als aufrichtig)*!«" (Muslim, Tirmidhi)

* * *

Abu Huraira (r.a.) berichtet:

„Rasulallah (saw) sagte:

»**Bevorzugt aufrechte Taten über sieben Dinge, denn ein jedes dieser Dinge wartet auf euch: Armut, welche plötzlich eintreten kann; Reichtum, welcher zur Verschwendungssucht führt; eine Krankheit, welche eure Gesundheit beeinträchtigt; hohes Alter, welches euch sonderliche Dinge aussprechen lässt; der Tod, der plötzlich eintritt; Dadjaal (der Täuscher, Antichrist) oder das Jüngste Gericht, welches das intensivste und schwierigste von allen ist.«„** (Tirmidhi)

* * *

Abu Huraira (r.a.) berichtet:

„Rasulallah (saw) sagte:

»**Rennt zu aufrechten Taten und flieht vor sechs Dingen: Der Sonne, welche im Westen aufgeht; dem Rauch** (nehmt euch vor dem Tag in acht (der Zeitpunkt, wo die essentielle Wahrheit des Menschen offensichtlich wird), wenn der Himmel einen sichtbaren Rauch – DUKHAN – mit sich bringen wird; Koran 44:10)**; Dadjaal, Dabbat ul Ard** *(A. d. Ü.: „das Biest der Erde", d. h. die Impulse der Begierden des menschlichen Körpers)***; vor einer Zwietracht, welche** (zum Zeitpunkt des Todes) **kommt oder welche euch davon** abhält, jemanden zu besuchen; vor dem Tag des Jüngsten Gerichts.«" (Muslim, Imam Ahmad)

Allah sagt:

„Fürchtet Mich, falls ihr zu denen gehört, die an Allah *(Billahi, mit Allah – anhand des „B"-Konzeptes)* **glauben."** (Koran 3:175)

Abu Huraira (r.a.) berichtet:

„Rasulallah (saw) sagte:

»Die Hölle ist durch die Begierden des Selbst und das Paradies durch harte Umstände dem Selbst (seinem eigenen Dasein) **gegenüber verschleiert."** (Bukhari, Muslim, Tirmidhi)

Abdullah (r.a.) berichtet:

„Rasulallah (saw) sagte:

»Das Paradies ist näher, als ihr glaubt und das Gleiche trifft auch auf die Hölle zu.«„ (Bukhari, Imam Ahmad)

Abu Huraira (r.a.) berichtet:

„Rasulallah (saw) sagte:

»Am Ende der Zeiten wird es Männer geben, die die Welt auf Kosten ihres jenseitigen Lebens bevorzugen. Sie werden sich in Schafshäute verkleiden, um mild zu wirken, ihr Reden wird süßer als Zucker, aber ihre Herzen werden wie die Herzen der Wölfe sein. Bezüglich ihnen sagt Allah: »Glauben sie, dass ich unachtsam bin? Machen sie sich über Mich lustig? Ich schwöre bei meiner Macht, dass ich unter ihnen solch eine Zwietracht säen werde, dass es sie total verwirren wird!«" (Tirmidhi)

Abu Huraira (r.a.) berichtet:

„Rasulallah (saw) sagte:

»Es gibt nicht eine Person, die stirbt und nicht Reue empfindet. Falls die Person gute Taten getan hat, dann empfindet sie Reue, nicht mehr getan zu haben und falls es sich um einen Sünder handelt, dann empfindet er Reue, nicht um Vergebung gebeten zu haben.«" (Tirmidhi)

Abu Huraira (r.a.) berichtet:

„Rasulallah (saw) sagte:

»Derjenige, der (seinen Feind) fürchtet, wird durch die Nacht reisen und sein Ziel erreichen und Sicherheit und Komfort finden. Seid achtsam! Allahs Ware ist das Paradies." (Tirmidhi)

Abu Huraira (r.a.) berichtet:

„Rasulallah (saw) sagte:

»Derjenige, der aus Furcht vor Allah weint, wird nicht zur Hölle gehören, es sei denn, die Milch geht zurück in die Brustwarze, von wo sie herausgeflossen war (d. h. niemals). Der Staub, der auf dem Wege Allahs verteilt wurde, wird niemals mit dem Feuer der Hölle zusammenkommen (derjenige, der auf dem Wege Allahs bemüht war sein Selbst zu reinigen, wird nicht in die Hölle eintreten).«" (Tirmidhi)

Hani (r.a.) berichtet:

„Als Osman (r.a.) an einem Grab stand, hat er geweint, bis sein Bart nass wurde. Einmal hat ihn jemand gefragt: »Du weinst nicht, wenn du etwas über das Paradies oder die Hölle hörst, aber du weinst vor diesem Grab.« Er erwiderte darauf:

»Rasulallah (saw) meinte:

»Das Grab ist die erste Station im jenseitigen Leben, falls jemand es schafft, diese Station zu überstehen, dann wird der Rest seiner Reise einfacher sein, aber wenn man es nicht übersteht, dann wird der Rest nur noch schwieriger.«"

Ich habe noch nie ein Ereignis gesehen, welches fürchterlicher war als das Grab.«" (Tirmidhi)

Abu Zarr (r.a.) berichtet:

„Rasulallah (saw) sagte:

»**Ich sehe, was ihr nicht seht und höre, was ihr nicht hört. Der Himmel hat aufgestöhnt und das zu seinem Recht, denn es gibt nicht eine Breite von vier Fingern, wo nicht ein Engel auf seiner Stirn sich niederwirft. Ich schwöre bei Allah, wenn ihr wissen würdet, was ich weiß, würdet ihr weniger lachen und mehr weinen, ihr würdet das Vergnügen im Bett mit euren Frauen verlassen und nach draußen rennen auf der Suche nach Allahs Errettung. Um dies nicht zu erleben würde ich lieber stattdessen ein Baum sein (gefällt und nicht mehr existent)!«"** (Tirmidhi)

Allah sagt:

»**Derjenige, der sein Vertrauen auf Allah setzt, dem genügt Allah.**« (Koran 65:3)

* * *

Ibn Abbas (r.a.) berichtet:

„Rasulallah (saw) sagte:

»**Siebzigtausend Menschen meiner Leute werden zum Paradies gehen, ohne befragt zu werden. Diese sind jene, die keine Gebete für ihre Kranken suchen; jene, die nicht an Unglück glauben und jene, die ihr Vertrauen auf Allah setzen.**" (Bukhari, Muslim, Tirmidhi)

Omar (r.a.) berichtet:

„Rasulallah (saw) sagte:

»**Wenn ihr gänzlich euer Vertrauen auf Allah gesetzt hättet, dann würdet ihr ganz leicht euren Lebensunterhalt finden wie die Vögel, die morgens hungrig ausfliegen und nachts satt zu ihren Nestern zurückkehren.**" (Tirmidhi, Imam Ahmad, Hakim)

Anas (r.a.) berichtet:

„Ein Mann fragte Rasulallah (saw): »**Oh Rasulallah, soll ich mein Kamel zuerst anbinden und dann auf Allah vertrauen oder soll ich nur auf Allah vertrauen, ohne es anzubinden?**«

Rasulallah (saw) antwortete: »**Binde dein Kamel zuerst an, dann vertraue auf Allah.**« (Tirmidhi)

Abdullah (r.a.) berichtet:

„Rasulallah (saw) sagte:

»**Derjenige, der in Armut lebt und die Hilfe anderer sucht, wird niemals die Hilfe finden, die er benötigt. Derjenige, der arm ist und die Hilfe von Allah sucht, dem wird Allah früher oder später helfen oder ihm einen schnellen Tod geben, so dass er von der Armut erettet wurde.**«" (Tirmidhi)

* * *

Anas (r.a.) berichtet:

„**Es gab zwei Brüder, einer von ihnen arbeitete nicht. Stattdessen ist er zu den Treffen des Rasulallahs gegangen, während der andere für den Lebensunterhalt arbeitete. Als der Bruder, der arbeitete, sich über den anderen beschwert hatte, sagte ihm der Rasulallah (saw):** »**Vielleicht verdienst du aufgrund deines Bruders.**«" (Tirmidhi)

* * *

Muawiya hat an Aisha (r.a.) geschrieben: „**Bitte sende mir ein Schreiben mit einer kurzen Empfehlung.**"

Aisha (r.a.) schrieb ihm:

„**Salaam zu dir! Ich hörte, wie der Rasulallah (saw) sagte:**

»**Derjenige, der das Vergnügen Allahs sucht, obwohl er sich den Ärger der Menschen einhandelt, den wird Allah vor der Bosheit der Menschen beschützen** (d. h., er möchte eine Arbeit machen, welche nur mit der Absicht getan wird, Allahs Vergnügen zu erreichen). **Und derjenige, der das Vergnügen der Menschen sucht, obwohl er den Ärger von Allah auf sich zieht, den wird**

Allah den Menschen überlassen (daraufhin wird er einen Verlust auf allen Ebenen erreichen).«" (Tirmidhi)

* * *

„Bemüht euch für das, welches nützlich ist für euch, ersucht die Hilfe von Allah, seid nicht schwach und unfähig."

Wenn euch etwas befällt, dann sagt nicht: „Wenn wir nur dies oder jenes getan hätten, dann wäre alles anders geworden." Stattdesen sagt: „Es ist die Anordnung Allahs und Allah macht, was auch immer Er wünscht." (Majmu'atu'r-Rasaili'l Qubra)

* * *

Rasulallah (saw) sagte:

„Es gibt keine Seele, deren Platz im Paradies oder in der Hölle (ob er jetzt zu den *Glücklichen* – *Sayyid* – oder *Unglücklichen* – *Schaki* gehört) nicht schon bei Allah geschrieben wäre."

Daraufhin fragte ein Mann: **„Oh Rasulallah, sollten wir dann auf unser Schicksal vertrauen und keine Taten ausführen?"**

Rasulallah (saw) antwortete:

„Derjenige, der zu den *Glücklichen (Sayyid)* gehört, wird von den Taten der *Glücklichen* sich angezogen fühlen, während derjenige, der zu den *Unglücklichen (Schaki)* gehört, von den Taten der *Unglücklichen* sich angezogen fühlen wird." (Bukhari, Muslim, Abu Dawud, Ibn Hanbali)

„Handelt, denn jeder wird dafür erleichtert, was für ihn vorherbestimmt wurde." (Bukhari)

„Es ist HU, der euch in der Gebärmutter (Gebärmutter heißt im Arabischen auch „Rahim" – in seiner Rahimiyyah – in der Dimension der Namen, die eure Existenz formt) **gestaltet,** (programmiert, formt) **wie HU es wünscht."** (Koran 3:6)

* * *

„Allah hat alles in Dunkelheit erschaffen, dann hat Er sein Licht (Nuur) darauf gestrahlt. Derjenige, der einen Anteil an diesem Licht bekommen hat, wurde rechtgeleitet und derjenige, der dieses Licht nicht abbekommen hat, ist irregeleitet worden."

„Und niemals wird Allah versagen, Sein Versprechen zu erfüllen." (Koran 3:9)

* * *

„Allah wird keine Änderung vornehmen an dem, was Er in Seinem Wissen bezüglich der *Glücklichen* und *Unglücklichen* vorherbestimmt hatte, weder aufgrund der Taten der Zurückgezogenheit des Asketen noch der Perversion des Perversen." (Hakaik)

Joseph:

„Kein Vorwurf wird gegen dich heute ausgesprochen werden, Allah wird dir vergeben ... Denn Er ist Rahim unter den Rahim." (Koran 12:92)

Bezüglich dieses Verses sagte Abu Osman: „Ein Sünder sollte nicht wegen seiner Sünde kritisiert werden."

Joseph sagte zu seinen Brüdern:

„Wie kann ich euch kritisieren? Dass ich gefangen genommen werde, war vorherbestimmt in Allahs Wissen. Wahrlich habe ich den Fehler begangen zu sagen, dass mein Mitgefangener mich seinem Meister gegenüber erwähnen soll (als er befreit wurde). Also wie kann ich meine eigene Sünde vergessen und euch stattdessen kritisieren?" Und so hat er es verständlich gemacht, dass diese Dinge zum Schicksal gehören. (Hakaik)

Shah Ibn Shur sagt:

„Derjenige, der die Menschen durch die Augen der Wahrheit (Hakk) betrachtet, der wird vor ihrer Opposition gerettet sein. Derjenige, der die Menschen durch seine eigenen Augen betrachtet, der wird seine Tage mit Konflikt und Feindseligkeit den Menschen gegenüber verbringen. **Seht ihr nicht, dass Joseph einsah, dass er mit vorherbestimmtem Schicksal getroffen wurde. Er hat die Entschuldigung von seinen Brüdern angenommen und sagte ihnen: »Kein Vorwurf wird heute gegen euch ausgesprochen werden.«** (Hakaik)

* * *

„Hätte euer Rabb (die Wahrheit der Namen, die eure Essenz ausmachen) **es gewünscht, dann würden alle auf der Erde sicherlich den Glauben erreicht haben, insgesamt alle ...“** (Koran 10:99)

„Eine Seele kann nicht glauben außer durch die Erlaubnis von Allah (durch die Angemessenheit der Namenskomposition, welche sich im Gehirn manifestiert).“ (Koran 10:100)

„Allah eliminiert, was Er will und bestätigt (was Er will) **und mit Ihm ist die Mutter aller Bücher** (primäres Wissen, das Wissen um die Wege der Namen, wie sie sich in jedem Moment manifestieren werden).“ (Koran 13:39)

„In Meinem Urteil wird es keine Veränderung geben!“ (Koran 50:29)

„Wen auch immer Allah rechtleitet, der ist derjenige, der die Wahrheit erreicht.“ (Koran 7:178)

„Allah tut was Er will!“ (Koran 14:27)

„Wem Allah rechtleitet, der kann niemals irregeleitet werden.“ (Koran 39:37)

* * *

Kasani sagt:

„Die Taten der Schöpfung sind im Vergleich zu den Taten des Wahrhaftigen (Hakk) **wie der Körper im Vergleich zur Seele.**

Wenn die Wurzel einer Tat die Seele ist, dann ist der Ort der Manifestation der Körper.

Als solches ist dann der Schöpfer der Tat das Wahrhaftige (Hakk)**, wobei es sich durch den Menschen manifestiert.“** („Ta'wilat“ von Ibn Arabi)

* * *

Abdullah Ibn Masud (r.a.) berichtet:

„Rasulallah (saw), dem die Wahrheit offenbart wurde und der immer die Wahrheit sagt, erzählte mir:

»Die Substanz eurer Eltern wird in der Gebärmutter für vierzig Tage gesammelt, dann wird nach weiteren vierzig Tagen daraus ein Blutklumpen und nach weiteren vierzig Tagen entsteht dann ein kleines Stück Fleisch. Nach dem 120. Tag schickt Allah einen Engel und beauftragt ihn damit, vier Dinge aufzuschreiben: Seine Taten, seinen Lebensunterhalt, seinen Tod und ob er zu den *Glücklichen* (Said) oder *Unglücklichen* (Schaki) gehören wird.«

Ibn Masud erzählte weiterhin: **»Ich schwöre bei Allah, in dessen Händen die Kräfte über das Leben von Abdullah liegen, nachdem der Engel dies aufgeschrieben hat, wird dann die Seele dorthin eingehaucht** (dem Fötus wird Leben gegeben).

Jemand vermag solche guten Taten zu verrichten, so dass zwischen ihm und dem Paradies nur die Länge eines Armes übrigbleibt, jedoch wird dann das, welches damals (zum Zeitpunkt in der Gebärmutter vom Engel) **geschrieben wurde, zur Person kommen und sie behindern. Danach wird sie die Taten der Bewohner der Hölle ausführen** (und auch zur Hölle gehen).

Jemand vermag solche schlechten Taten auszuführen, so dass zwischen ihm und der Hölle nur ein einziger Schritt übrigbleibt, jedoch wird dann das, welches damals (zum Zeitpunkt in der Gebärmutter vom Engel) **geschrieben wurde, kommen und die Person behindern. Danach wird sie die Taten der Bewohner des Paradieses verrichten** (und auch ins Paradies gehen).«" (Bukhari, Tajrid 1324)

* * *

Imran bin Husain (r.a.) berichtet:

„Einmal fragte ich Rasulallah (saw): »Oh Rasulallah, können die Bewohner des Paradieses von den Bewohnern der Hölle unterschieden werden (mit dem Wissen von Allahs Schicksal)?«

Daraufhin sagte Rasulallah (saw): **»Ja, man kann sie unterscheiden.«**

»Falls die Leute des Paradieses und der Hölle schon feststehen und vorherbestimmt wurden, warum sollten dann diejenigen, die gute Taten und Gebete verrichten, dies fortführen?«

»Jeder tut das, wofür er erschaffen wurde; was auch immer vorherbestimmt wurde, wird ausgeführt werden«, antwortete er." (Bukhari, Tajrid 2062)

* * *

Abu Huraira (r.a.) berichtet:

„Rasulallah (saw) sagte:

»Eine Opfergabe wird nicht den Söhnen Adams etwas bringen, was sie ohnehin nicht schon erwartet. Es ist im Grunde genommen Allahs Kadar (Schicksal), welches die Söhne Adams anzieht. Ich wiege das, welches gegeben werden muss. Mit diesem Urteil werde ich seine Erzielung vom Geizigen suchen. (Bukhari, Tajrid 2066)

„**Oh ihr, die den Glauben anwendet, wenn ihr zu dem eingeladen werdet, welches euch Leben gibt** (das Wissen um die Wahrheit)**, dann folgt der Einladung von Allah und Seinem Rasul. Wisset gut, dass** (falls ihr nicht der Einladung folgt) **Allah das Bewusstsein und das Herz spalten wird** (anhand der Funktionsweise und des Systems des Gehirns) **und es daran hindern wird** (die Wahrheit zu erleben). **Ihr werdet zu Ihm auferstehen.«"** (Koran 8:24)

Wie man aus den Mitteilungen des **Hz. Mohammed (as)** ersieht, ist seit dem Augenblick der Entstehung des Kosmos **alles**, was **bis in alle Ewigkeit** geschehen wird, **festgelegt ...!**

Niemand und nichts kann das für ihn bestimmte Schicksal ändern ...!

Jeder muss sein eigenes Schicksal leben ...!

So wie auch unser Thema „**Allah ist Ahad**" diesen Umstand automatisch, klar und deutlich darlegt.

Da die **Einheit Allahs** und der Umstand, dass außer **HU** nichts existiert, nicht richtig erkannt wurde, entbrannten um das Thema „**Schicksal**" zahllose Auseinandersetzungen und es entstanden eine Vielzahl von sehr unzureichenden Meinungen ...

Obwohl doch der **Hz. Mohammed** in den von ihm überbrachten Koranversen und durch seine eigenen Überlieferungen das Thema des **Schicksals** oftmals, klar und offen betonte ...

Einer der islamischen Gelehrten, der betonte, **dass alles, ohne Ausnahme, was der Mensch erlebt, in seinem Schicksal begründet liegt**, war **Imam Ghazali**.

Im zweiten Band seines Werkes „**Ihya Ulûmid Din**" im 2. Kapitel (Hakikat und Schariat – Wahrheit und Gesetzgebung), sagt er Folgendes:

„Denn wir sagen, dass alles Schlechte, z. B. Auflehnung, Ehebruch und sogar das Fluchen im Vorhinein von Allah festgelegt wurde, mit seinem Willen und Wunsch entsteht und dass dies alles seiner Ordnung entspringt."

21

WAS IST ILLUSION?

Das von uns als Kosmos bezeichnete Gebilde ist in Wahrheit eine einzige komplexe Masse, die sich gemäß ihrem eigenen Programm ständig erneuert und unzählige Eigenschaften hervorbringt. Der strahlenartige Aufbau des Kosmos ist im Vergleich zu unserer materiellen Welt und dazu, dass wir uns als materielle Wesen empfinden, als Illusion charakterisiert worden ...

So erklärt auch der **Rasulallah Mohammed** (Allah segne ihn und gebe ihm Friede), dass die **materielle Welt** in Wahrheit eine **Imagination** darstellt und der eigentliche Aufbau nichts anderes als eine **strahlenförmige Struktur** darstellt und er betonte dabei die Tatsache, dass die materielle Welt ein **Traum** sei, folgendermaßen:

„Die Menschen befinden sich im Schlaf; wenn sie sterben, wachen sie auf ...!"

Die erste Bedeutung dieser Feststellung ist folgende ...:

Der Mensch, der lebenslänglich mit seinen fünf Sinnen in der Welt der Materie lebt, ist in dem Augenblick, in dem er in die **immaterielle Strahlendimension** übergeht, in einem Zustand, als wenn er aus einem Traum erwacht und alles, was er auf der Welt erlebt hat, wird für ihn zum **„Traumerlebnis"** ...

Dafür wird die **strahlenförmige Lebensdimension** zu

seiner **wirklichen Welt** ... Und dies dauert bis zum „Jüngsten Tag" an ... Nach dem „Jüngsten Tag" **entsteht** der Mensch zum **dritten Mal** mit einem neuen Körper, der für ihn bis in alle Ewigkeit sein Leib sein wird.

Die zweite Bedeutung dieser Feststellung ist ...:

In den Überlieferungen des Hz. Mohammed wird mit der Aufforderung „**Stirb, bevor du stirbst**" darauf hingewiesen, dass der Mensch vor seinem körperlichen Tod, das heißt, bevor er seinen Körper und sein Gehirn verlässt, **sich selbst als geistige/mentale/denkfähige Existenz** erkennen soll ...!

Denn nachdem der Körper und das Gehirn verlassen werden, kann **die Seele** die Dinge, welche sie auf der Erde erwerben konnte, nicht mehr erlangen ...!!

Die Mahnung enthält sogar eine dritte Bedeutung:

„**Stirb!**", indem du erkennst, dass dein **Selbst**, welches du mit „**Ich**" bezeichnest, in Wahrheit nicht vorhanden ist, damit du Lebendigkeit erlangst mit dem „**Absoluten Ich**", welches auch dein Sein darstellt ...! **Denn das „Ich-Dasein"** *(A. d. Ü.: Das ist es, auf welches sich das arab. Wort RABB, also HERR bezieht)* **ist nur bei Allah vorhanden ...!**

Das **einzige** Wesen, welches „**ICH**" sagen kann, ist **Allah**, denn außer **HU** besteht kein zweites „**Ich**", auch nicht in seiner Vertretung ...! Wenn so etwas bestünde, wäre dies ein **Gott** ...! Doch rufen wir uns gleich das Einheitsbekenntnis ins Gedächtnis ...

„Es gibt keinen Gott, einzig Allah existiert."

Eben dieser **Allah**, außer dem nichts existiert, der **in seinem Wissen, in seiner Vorstellung** alle vorhandenen Wesen, wenn man es so nennen darf, „*erdacht*" hat ... Oder sagen wir es, damit es leichter verständlich wird, folgendermaßen ...: „**HU hat sie vor seinem „*geistigen Auge*" entstehen lassen**" ...

Ich möchte noch einmal wiederholen, dass eigentlich solche Ausdrücke wie „HU hat erdacht" oder „HU hat fantasiert" für Allah unvollständig erscheinen ... Doch wir müssen hier, um dieses Thema zu erläutern und um die Leser dem Ziel näher zu bringen, diese Ausdrücke benutzen, da wir keine anderen Ausdrucksmöglichkeiten zur Verfügung haben ...

Von den Heiligen höchsten Ranges *(A. d. Ü.: Awliyaullah – diejenigen, die gestorben sind, bevor sie gestorben sind)*, die zu dem Kernpunkt dieser Sache vorgedrungen sind, wurde die Entstehung des Kosmos mit allen darin enthaltenen Wesen übereinstimmend folgendermaßen beschrieben: **„Alle Dimensionen sind im Grunde eine Illusion ...!"**

Abdul Karim Djayli, der den Kern der Wahrheit erkannt hat, gibt in seinem Werk **„Insan-i Kamil"** die ausführlichsten Kenntnisse über **Allah**, die Dimensionen des Lebens und die Wesen darin, er beschreibt äußert ausführlich, dass **„alle Dimensionen im Grunde genommen eine Illusion** (arab. *Hayal, eine Vorstellung*) **darstellen."**

Was ist diese **Illusion ...?**

Welches ist die Bedeutung des Wortes **Illusion?**

Wie entstand diese **Illusion ...?**

Und wie ist es zu erklären, dass wir diese Illusion als Wirklichkeit ansehen ...?

Einen Teil der Antworten haben wir schon kurz vorher gegeben ...

Lassen Sie uns jetzt die unbeantworteten Fragen beantworten ...

Dieses Wesen, welches **„Hayy – den Lebensquell"** darstellt, mit der Bezeichnung **„Alim – Allwissender"** und als der Besitzer von **„Ilim", dem Wissen**, beschrieben wird, stellt mit einfachen Worten beschrieben das **absolute Bewusstsein** dar und weiß um seine zahllosen Besonderheiten. **Allah** kennt die unzähligen, end- und grenzenlos in ihm vorhandenen Besonderheiten.

Da HU als **Allwissender** und Besitzer unzähliger, end- und grenzenloser Besonderheiten auch **„Murid"** ist, also die **absolute Willenskraft** darstellt, hat HU die Macht, zu Wollen und das Gewollte auch zu erschaffen; daraus ergibt sich der Wunsch, die in HU vereinigten Besonderheiten zu betrachten.

Und die mit dem Namen **„Kadir"** bezeichnete **„Kraft alles zu erreichen, alles zu fühlen"**, führt zusammen mit **„Kudrat – der Allmacht"** dazu, dass **„HU"** alle in ihm vereinigten Bedeutungen (in seiner Sichtweise) zu betrachten beginnt. **„Kudret" bildet die Allmacht, die in Ihm vereinigten Besonderheiten zu betrachten ...!**

Vom Wissensgrad her sind **HU** alle in ihm vereinten Besonderheiten bekannt ...

Die mit dem Namen „Murid" gekennzeichnete Willenskraft benutzt Hu, um seine zahllosen Eigenschaften, mit dem Namen „Kadir" – die Kraft, alle Namen zu erreichen und zu fühlen – zur Betrachtung zu bringen ... Und von dem Moment an, wo diese Entwicklung einsetzt, beginnt „HU", alle diese zahllosen Dinge, Namen und Objekte, die sich aus seinem Namen „Kadir" gebildet haben, zu betrachten ...!

Selbst wenn es sieben Meere voll Tinte gäbe und noch einmal so viele entständen, reichte dies nicht aus, um die Worte **Allahs** (die Kalim-Eigenschaft, also seine Ausdrucksweise ist weitaus mehr) alle aufzuschreiben ...! Kann etwas, was endlos ist, enden ...? Was sind schon sieben Meere, sieben Galaxien, sieben Kosmen neben der **„Unendlichkeit"** ...?!

Alles, was mit Zahlen benannt werden kann, egal wie hoch der Wert dieser Zahlen auch sein mag, sie haben neben dem **Unendlichen** nur einen geringen Wert.

HU ist als **Aliym (Allwissender)** und **Sami (Allwahrnehmender)** selbst im Besitz all dieser Bedeutungen oder Worte, die HU betrachtet. Denn HU betrachtet diese Bedeutungen an sich selbst; wie wäre es da möglich, dass HU sie nicht alle kennt ...?

Und als **„Basir"** ist HU der Sehende und Bewertende. Wie sollte es anders sein ...?!

Gut, aber wo geschieht all dieses ...?

All dies spielt sich in **Allahs Wissen** ab ...!

Wenn man diesen Ausdruck gebrauchen kann, obwohl er unzulänglich ist – aber anders ist es auch nicht zu erklären – sagt man: In **Allahs Vorstellung**, also in *HUs Sichtweise* (IndAllah) geschieht alles, was bis in alle Ewigkeit geschehen wird ...!

Wenn Sie bis hierher alles verstanden haben, dann möchte ich zu einem zweiten, sehr wichtigen Thema übergehen.

Wenn das sich alles so verhält, wie es oben beschrieben ist, muss man sich fragen:

Was bin „Ich" ...? Was ist die Welt ...? Was ist das Jenseits ...?

Was ist das Paradies und was die Hölle ...?

Wie sieht die Abrechnung, das Buch aus ...? Was sind die Qualen des Grabes ...?

Wer macht das „Taklif" (die Verpflichtung), wer ist der „Mukallif" (derjenige, der die Verpflichtung ausführt), was ist das „Taklif" überhaupt (das, was getan werden soll) ...?

Lassen Sie uns jetzt die Antworten auf diese Fragen finden ...

Bevor wir uns diesem Thema widmen, lassen Sie uns kurz die bekannten Verszeilen des **Muhyiddin Arabi**, einer geschätzten Person, welche die Wahrheit erfasst hat, ansehen ...

Der Ehrenwerte sagte in der Begeisterung über die Erkenntnis **der Einheit** Folgendes:

„Der Diener ist die Wahrheit ...! Der Herr ist die Wahrheit ...!

Ach wüsste ich nur, wer der „Mukallif" ist (der zum Dienst verpflichtet ist) ...?

Sag ich: „Es ist der Diener, er ist tot ...!"

Sagst du, dass es der Herr ist? Wie ist es möglich, dass der Herr ein Mukallif ist (dass der Herr zum Dienst verpflichtet ist)!?"

Zum gleichen Thema der **Einheit** des Vorhandenen hat der sehr angesehene islamische Gelehrte und Mystiker **Imam Ghazali**, der lange vor **Muhyiddin A'rabi** lebte, Folgendes in seinem Buch „Mishkatul Anwar" (die Nische der Lichter) geschrieben:

„... die Kundigen erheben sich hier aus der Grube der Metaphern und schwingen sich zum Gipfel der Wahrheit hinauf, wenn sie ihre Himmelfahrt (Miraadj) beendet haben, werden sie mit klarer Wahrnehmung feststellen, dass in der Existenz außer Allah nichts vorhanden ist ...!

... Eben diese Quelle ist Allah, der Ahad ist. HU hat keinen

Partner ...! HU verleiht allem anderen Glanz und Helligkeit ...! In Wahrheit besteht nur HUs Licht ... und alles andere wird von HUs Licht erleuchtet ... HU ist alles!

In Wahrheit existiert HU ganz und gar alleine. Ein anderes Wesen besteht höchstens als Metapher ...

Das Wort „es gibt kein anderes Dasein" außer ‚HU'" ist die Zusammenfassung der Auserwählten ... und führt den Besitzer dieser Wahrheit zu der Vereinigung mit der „Einheit", zu der ausschließlichen Einheit ...!

Das Ziel der Himmelfahrt der Geschöpfe ist die Welt des Einzigen... Denn danach gibt es keine Leiter mehr, ist doch die Höhe nur im Zusammenhang mit Vielfältigkeit denkbar ...

Wo die Vielzahl aufgehoben ist, wird die Einheit tatsächlich; Relationen verlieren ihre Gültigkeit, Merkmale werden aufgehoben ... und endlich werden Höhe und Tiefe, Ab- und Aufsteigen ausgelöscht; Fortschritt wird undenkbar und auch Aufstieg wird undenkbar.

Zusammen mit der Vielfalt wird auch der Aufstieg hinfällig ...

Dieses Wissen ist ein geheimes Wissen von besonderer Art, welches nur denen gegeben wird, die Allah kennengelernt haben.

Wenn die Wissenden dieses Wissen offenbaren, wird es nur von denen abgestritten werden, die sich Allah gegenüber arrogant benehmen ..."

Wenn wir, geleitet von der bisher verkündeten Wahrheit, nachdenken, so ergibt sich, dass einzig **Allah** existiert ...! Und wenn das so ist, dann gibt es außer „HU" kein zweites Wesen ...

Ja, was sind in diesem Falle die Verpflichtungen und wer ist zum Dienst verpflichtet ...?

Diese offenbarte Wahrheit ist dergestalt, dass sie gleich der Sonnenglut in einer Welt aus Eisfiguren keinen Tropfen Wasser übriglässt ...!

Darüber hinaus dürfen wir die Angelegenheiten, welche der **Rasulallah** den Menschen ihre Zukunft betreffend mitgeteilt hat, bezüglich der Wahrheit der **Einheit** nicht aus den Augen lassen ...

Denn so wie die **Einheit** mit Bestimmtheit Wahrheit ist, so werden auch die Menschen mit Gewissheit in der Zukunft mit den Resultaten, die aus ihren eigenen Taten resultieren, konfrontiert werden!

Ja, wir sind für **Allah „Ilmi Surat"** – **vorgestellte Wissensgestalten** – welche *HU in Seiner Sichtweise* entstehen lässt ...!

Nach unserer eigenen Auffassung sind wir bestimmte, offensichtlich schlichte, in einem einfachen Kosmos lebende Wesen ...

Aber in Wahrheit sind wir in Seiner Sichtweise *Formierungen von Wissen (Ilmi Surat)* ...! Allerdings fassen wir die Welt unserer Auffassung gemäß als bestimmtes, offensichtliches, vielseitiges Leben auf. Aus diesem Grunde lassen Sie uns diese empfindlichen Werte nicht aus den Augen verlieren.

22

DAS SYSTEM DES LEBENS

Die Wahrheit über das System, in dem wir leben, ist folgende:

Es gibt keinen **Gott**, der uns von oben leitet. Es gibt keine **Gottheit ...!**

Kein Stern oder Planet, keine Galaxie und kein **Tierkreiszeichen** bildet einen **Gott** und wird auch niemals zu einem werden ...! **So etwas zu denken, ist ein ungeheurer Irrtum ...!**

Wir leben in der Dimension, in der wir uns befinden, um unseren Dienst zu erfüllen, indem wir die erforderlichen Dinge tun, die sich aus den Bedeutungen der **Namen Allahs** ergeben, welche bei uns zutage treten.

Das System und die Notwendigkeiten der Dimension, in der wir leben, sind folgendermaßen:

Die Welt, die ihren Platz im Sonnensystem einnimmt; die Menschen, die auf dieser Welt leben ...

Diese Menschen sind Wesen, welche Allah mit seinen eigenen Eigenschaften nach seinem Wunsch ausgerüstet und erschaffen hat ...!

Allah hat den Aufbau der Menschen so arrangiert, dass die

Besonderheiten, die „HU" wünscht, in den Gehirnen der Menschen zutage treten.

Der Mensch, der sich selbst für ein Gebilde aus Knochen und Muskeln hält, wird, wenn er auf diese Weise nach dieser **Vorstellung** lebt, sozusagen als Ergebnis dieser Lebensart unsagbare Qualen und Pein erleiden.

Wer aber demjenigen Glauben schenkt, der ihn auf die in ihm vorhandenen hochrangigen Eigenschaften aufmerksam macht und sich darum bemüht, diese hochrangigen Eigenschaften zu kultivieren und zu fördern, wird als ein Individuum, welches Allahs Merkmale und Eigenarten erworben hat, einen Lebensraum erreichen, der ihm grenzenlose Schönheit bietet.

Auf der einen Seite steht die Annahme eines verweslichen Körpers aus Fleisch und Blut und ein dementsprechendes Leben, was am Ende eine endlose Qual bereithält oder aber das Herausarbeiten der in deinem Inneren vorhandenen Eigenschaften Allahs und als belohnendes Resultat dafür ein ewiges Leben in einer ruhigen und angenehmen Umgebung ...

Aus diesem Grunde sagte der **Hz. Mohammed**, als rede er zu uns persönlich:

„Du bist als **Statthalter Allahs** auf Erden erschaffen worden ...",

„Du bist ausgestattet mit allen Besonderheiten der Namen **Allahs** ..."

Du sollst dich jedoch nicht aufgrund deiner Anwesenheit auf dieser Welt der Materie als ein verwesender Körper, der sich am Ende auflöst, verstehen; du sollst **dir nicht selbst Unrecht zufügen,** indem du so denkst ...! **Vergeude** die in dir vorhandenen Kräfte nicht ...**Vernichte** nicht die in dir vorhandene, grenzenlose Überlegenheit, indem du dich an Dinge klammerst, die du in der Welt zurücklassen wirst oder durch die Bindung an die Welt und die weltliche Wertschätzung ...!"

Schau, wie dich die Koranverse davor warnen:

„Ihr sollt wissen, dass das weltliche Leben nur Vergnügen und Täuschung und Ausschmücken und gegenseitiges Prahlen und Konkurrenz um Vermehrung von Kindern und Reichtum

darstellt ...!" (57:20)

Und kein Freund wird in einem Zustand sein, einen anderen Freund zu rufen; wenn sie sich gegenseitig gezeigt werden, werden die Schuldigen als Lösegeld ihre Söhne geben wollen (zum Feuer), **um von der Bestrafung jenen Tages** (Zeitperiode) **erettet zu werden und auch ihre Frauen und Brüder und die nächsten Verwandten, die ihnen Schutz gegeben haben und alles auf der Erde, so dass es sie retten könnte. Nein! Wahrlich es ist das Laza** (rauchloses Feuer).**"** (70:11-14)

„Die Menschen schlafen – wenn sie sterben, erwachen sie ...!"

Deshalb erscheint euch das weltliche Leben in der Welt, in die ihr einst eingehen werdet, wie ein Traum ... Darum **solltest du sterben, bevor du stirbst,** damit du noch auf dieser Welt aus dem Schlaf erwachst ...! Sieh die Tatsache und richte dein Leben nach diesen Tatsachen ein ...

Verschwende nicht deine Energie für Dinge, die du in dieser Welt zurücklassen wirst und die im Jenseits überhaupt keinen Wert haben werden; verfalle nicht in Reue über Verschwendungen, die du später nicht mehr ausgleichen kannst ...! Wenn du dich als diesen Körper ansiehst und dein Leben nur auf deinen Körper ausgerichtet lebst, wird dir dies nichts als Verluste einbringen ...

Wenn ihr dorthin kommt und die Tatsachen seht, werdet ihr sagen, ach, hätten wir doch die Möglichkeit zurückzukehren und das Versäumte nachzuholen, aber dies ist ganz gewiss unmöglich ...!

So lies, wie der Koran dies schildert:

Und an diesem Tag (Zeitperiode) **wird die Hölle nah gebracht werden** (um die Erde zu umschließen) **– an diesem Tag wird der Mensch sich erinnern und nachdenken, aber was wird ihm die Erinnerung** (Zikir) **denn großartig nutzen** (wenn er keinen Körper mehr hat – kein Gehirn mehr, womit er sich selbst weiterentwickeln könnte)? **Er wird sagen: „Ich wünschte, ich hätte nützliche Dinge verrichtet** (für dieses Leben).**"** (89:23-24)

Wahrlich haben Wir euch vor einer nahen Bestrafung (Tod) **gewarnt! An diesem Tag wird der Mensch betrachten, was seine Hände verrichtet haben und diejenigen, die das Wissen um die**

117

Wahrheit abgelehnt haben, werden sagen: „Oh wie ich wünschte, dass ich nur Staub wäre ..." (78:40)

Da du mit den Eigenschaften **Allahs** qualifiziert bist, mit den Bedeutungen seiner Namen ausgestattet bist, sollst du dein *illusorisch erdachtes* „Ich", dein „Ich-Gefühl", dessen Vorhandensein du voraussetzt, verlassen; verbanne es aus deinem Bewusstsein, damit du zu **der wahren IDENTITÄT, dem wahren SELBST und DASEIN** findest ...!

Denn nur, wenn du dein als Gegebenheit angesehenes „Ich", welches du durch die Schranken der übernommenen Überlieferungen und sozialen Konditionierungen als vorhanden ansiehst, durch ein bestimmtes Wissen aufzuheben vermagst, du dich von der Verschleierung durch das „Ich" befreien kannst, wirst du die dahinter verborgene wahre Identität erlangen ...!

Parallel zu dem Sinn dieser Mahnung des Rasulallahs Mohammed (saw) an uns sagt ein „Waliullah" *(A. d. Ü.: „Freund Allahs", d. h. jemand, der die wahre Identität gefunden hat)*:

„Beseitige das Selbst, damit du das SELBST sehen kannst ...!"

Eigentlich bildet diese Aussage nichts anderes als eine Erläuterung der Überlieferung: **„Wer sein Selbst kennt, kennt seinen Herrn** *(Man arafa nafsahu fakad arafa rabbahu)***!"**

Lassen Sie uns jetzt an das System, in dem wir uns befinden und an die Verbindung des Menschen mit diesem System erinnern ...

Alles, was wir in dieser materiellen Welt sehen und kennen, ist an die Erdanziehungskraft, an die Anziehung ihres Magnetfeldes gebunden ...

Wie in dem Satz **„wir haben alles aus Wasser erschaffen"** beschrieben wird, sind alle Lebewesen, die auf der Welt zu finden sind, aus Wasser erschaffen, auch der Mensch ist ein aus Wasser erschaffenes Wesen ...!

Da der Mensch auf dieser Welt besteht und an die Erdanziehungskraft gebunden ist, ist auch sein Astral- oder Strahlenkörper, der aus holografischen Wellen gebildet wird und gemeinhin als Seele bezeichnet wird, an das magnetische Anziehungsfeld der Erde gebunden ...!

Darüber hinaus gibt es im menschlichen Gehirn eine solche Besonderheit, die, wenn sie zum Einsatz kommt, den Menschen dazu befähigt, die Schwerkraft der Erde und der Sonne zu durchbrechen, um in der Tiefe des Kosmos unzählige Sterne zu erreichen und um mit einem dortigen Verhältnissen angepassten Körper das **Paradiesleben** zu erlangen.

Wenn in dem Gehirn einer Person diese Phase, welche „Anti-Gravitationswellen" erzeugt, ihre Tätigkeit aufnimmt, erzeugt sie einen aus „NUUR" („das Licht durch angewandtes Wissen") bestehenden **Strahlenkörper**, nämlich die **Seele**, und durch ihre Schnelligkeit, die im Zusammenhang mit der gespeicherten Energie entsteht, erlangt die Person dereinst ihre Rettung.

Wenn aber das Gehirn dieser Person keine **„Anti-Gravitationswellen"** erzeugen kann, wird sie sich, da ihre Energie unzureichend ist, zunächst nicht von der Erdgravitation lösen können und danach nicht vor der kräftigen Gravitation der Hölle retten können und wird so für ewig in der Sonne gefangen sein ...!

In einer späteren Phase wird die Sonne sowieso die fünf Planeten ihrer Umlaufbahn, einschließlich des Mars, „verschlucken", um sich dann zusammenzuziehen, um schließlich zu einem Neutronengestirn zu werden ...

Aus diesem Grunde wird es für diese in der Sonne verbliebenen Wesen unmöglich sein, aus ihr zu entfliehen ... Dieser Vorgang wird sehr viel ausführlicher in unserem Buch **„Der Mensch und seine Geheimnisse"** beschrieben. *(A. d. Ü.: Dieses Buch ist z. Z. nur in türkischer Sprache erhältlich.)*

Die lebendigen Wesen, die auf der Sonne leben, welche hier mit den Eigenschaften der Hölle beschrieben werden, werden in der Religion als „Zabani" bezeichnet. Sie werden die Seelen der Verstorbenen, welche in ihre Hände fallen, erniedrigen und quälen ...

So wie auf der Erde Menschen und im Kosmos Djinn leben *(A. d. Ü.: egobasierte Wesen wie die Menschen, aber außerhalb der Wahrnehmung der fünf Sinne)*, **so gibt es auf allen Sternen und Planeten Lebewesen ...!**

Aus diesem Grunde leben auch auf der Sonne die für sie

charakteristischen Lebewesen, die aus Strahlen bestehen. Diese werden im Koran „Zabani" genannt und beschrieben ...

So wie wir, die wir auf der Erde leben, alle wehrlosen Wesen, die uns in die Hände fallen, ganz nach unseren Wünschen beherrschen und mit ihnen machen, was wir wollen, so werden auch die Menschen, die in das Gravitationsfeld der Sonne geraten, von den dort lebenden Wesen, den Zabani, beherrscht werden und ihrer Willkür ausgesetzt sein.

Die Seele oder das Hologramm des Strahlenkörpers wird, wenn es in das Anziehungsfeld der Sonne eintritt, unter der Einwirkung der hochgradigen Radiation deformiert werden; es schmilzt, zieht sich zusammen, verbrennt (!), aber es wird nicht vernichtet ...!

So wie zum Beispiel im Traum unser Körper zerquetscht wird oder schrumpft, zerbricht, verletzt und zerstückelt wird und wir am nächsten Tag von neuem unser Leben weiterleben ...

So wird es auch in dem Hölle genannten Leben in der Sonne sein, der Strahlenkörper wird zerstört, zerdrückt, gestreckt, in die Breite gezogen, plattgedrückt, gepeinigt oder verbrannt und nach all diesem nimmt er wieder seine alte Gestalt an ... und dieser Ablauf wiederholt sich Mal um Mal und geht auf ewig so weiter ...

„Um die Bestrafung noch mehr zu spüren, werden Wir jedesmal, während ihre Haut verbrannt wird (aufgrund ihres Anhangs zum Äußeren/Externen), **sie mit neuer Haut ersetzen** (weil das Externe programmiert ist)" **(4:56)**

Der Sinn dieses angeführten Koranverses bestätigt das von uns geschilderte Geschehen. Eigentlich gibt es hier einen Punkt, der sehr genau verstanden werden sollte ...

Die Sonne bildet in ihrer unteratomaren Dimension die Hölle ...!

Und aus diesem Grunde können wir auch mit den Wahrnehmungsmöglichkeiten unseres jetzigen Körpers die Hölle nicht sehen ...! Genau so, wie wir auch unsere Seelen, die Djinn und Engel, die in der unteratomaren Dimension existieren, nicht sehen können ...!

Demnach können Personen, welche aus dem Leben mit ihrem

materiellen Körper in das Leben mit ihrem Astral- oder Strahlenkörper übergegangen sind, die Seelen sowie die in ihrer Umgebung lebenden Djinn und Engel wahrnehmen ...

Und sie können sogar die Hölle und die darin lebenden Wesen betrachten, als wären diese gleich nebenan ...

Denn bei der Wahrnehmung der Seelen existiert keine Entfernung. Eben auf diese Art betrachten die Personen, die den Tod gekostet haben, in der Welt des Grabes die Hölle ...

Auch das Paradies, das sich auf den Sternen der Milchstraße befindet, ist nicht auf der sichtbaren, materiellen Seite vorhanden, sondern befindet sich in der atomaren Unterdimension, dem „Strahlenzwilling"!

Allerdings werden wir, genau wie wir jetzt, bedingt durch die Wahrnehmungsmöglichkeit unseres materiellen Körpers, unsere Umwelt als materielle Welt empfinden, die Dimension, in der wir uns dann befinden werden, obwohl wir sie im Moment als unteratomare Dimension bezeichnen, als materielle Umwelt empfinden.

Deshalb werden die Strahlenkörper-Hologramme oder Seelen, wenn sie zu den unzähligen Planeten gelangen, die Paradies genannt werden, mit den dort heimischen, unzähligen Wesen der gleichen Dimension Beziehung aufnehmen und sprechen können und durch ihre überragenden Kräfte werden sie dort die Möglichkeit haben, ganz nach ihren Wünschen frei zu verfügen ...!

Sie werden, wenn man es so ausdrücken darf, auf diesen Planeten, zu denen sie gehen werden, wie die **„Götter"** leben ...! Denn sie sind von **Allah** als **Statthalter auf Erden** erschaffen worden und somit mit den zahllosen Eigenschaften Allahs ausgestattet und bedacht worden, wohingegen die Bewohner dieser Planeten nicht mit den bei den Menschen als gebündelte Kraft vorhandenen Eigenschaften ausgestattet sind ...

Aus diesem Grund werden diejenigen, die ins **Paradies** gelangen, mit solchen Dingen gesegnet, wie sie noch kein Auge gesehen, noch kein Ohr vernommen und keine Zunge gepriesen hat ... Selbst unsere kühnsten Phantasien bleiben bei diesem Thema unzureichend ...

Für die Personen, welche das Paradies erreichen, ist der Alterungsbegriff aufgehoben ... Dort sind die Begriffe Großvater, Großmutter, Vater, Mutter, Geschwister, Kinder, Enkel gegenstandslos ... Jeder hat das gleiche Alter ...

In der Umgebung, in die wir gehen werden, werden diejenigen, welche den gleichen Stand des Wissens oder das gleiche Energieniveau haben, zusammensein; diejenigen, die ein geringeres Niveau des Geistes oder eine geringere Energiestufe erreicht haben, werden in ihrer eigenen Umgebung leben ...

Vielleicht wird einer, den du auf dieser Welt sehr liebst, dem du sehr nahe stehst, im Jenseits weit von dir entfernt sein ...

Es ist gleich, was du einen Tag zuvor erlebt hast. Was du auch in der vergangenen Nacht geträumt hast – wenn du am Morgen aufwachst und besonders, wenn noch einige Stunden darüber vergangen sind ... – das, was du gesehen und geträumt hast, bedeutet dir nichts mehr ...!

Das Gestern bleibt gestern und die Nacht bleibt in der Nacht ...!

Gesetzt den Fall, du würdest im Gefängnis gefoltert und in der Nacht hättest du einen wunderschönen Traum – was bedeutet er, wenn du am Morgen wieder in der selben Umgebung erwachst ...?

Genauso wird es sein, wenn du deine Augen auf dieser Welt schließen wirst und sie in deiner neuen Umwelt wieder öffnest; dann wird dir dein weltliches Leben, das du kurz zuvor gelebt hast, als Traum erscheinen ... Als wärst du aus einem tiefen Schlaf erwacht, wird das auf der Welt Erlebte keinen Wert mehr für dich darstellen und du wirst mit den Bedingungen deiner neuen Umwelt konfrontiert werden ...!

Aus diesem Grunde sollte es dein ganzes Bestreben sein, nicht nur für die Dinge zu arbeiten, die du auf dieser Welt zurücklassen wirst, sondern in ausreichendem Maße für die Dinge zu sorgen, die du für dein Leben nach dem Tode benötigst ...

Was du auf dieser Welt auf dem **„Feld deiner Seele"** säst, wirst du in dem Leben nach deinem Tode ernten können!

Wenn du in deinem Leben auf dieser Welt die Fähigkeiten Allahs, die in der Anlage deines Gehirns vorhanden sind, nicht bemerkst und somit nicht benutzt, so wirst du, nachdem du den Tod gekostet hast, ganz bestimmt nicht wieder die Möglichkeit bekommen, diese Fähigkeiten zu entwickeln! Denn in vielen Versen des **Korans** wird darauf hingewiesen:

„Wenn der Tod zu einem von ihnen kommt, dann sagt er: *Mein Rabb, schicke mich zurück (zum weltlichen Leben),* **auf dass ich das Rechte tue, welches ich vernachlässigt habe** *(ein Leben mit Glauben, zu welchem ich zu nachlässig war oder dem ich keine Bedeutung gab; das Potenzial, welches ich nicht benutzt und aktiviert habe)."*

„Nein! (Es ist unmöglich, zurückzugehen!) **Seine Worte haben keine Gültigkeit** (seine Bitte ist im System nicht anerkannt) **und hinter ihnen ist ein Barzakh** (eine Barriere, ein dimensionaler Unterschied) **bis zu dem Tag, wo sie auferstanden sein werden** (sie können nicht zurückgehen; Reinkarnation, wiedergeboren zu werden für ein neues weltliches Leben ist nicht möglich)." **(23:99-100)**

Falls du nur sehen könntest, wie sie vor dem Feuer stehen werden und sagen: „Oh, wenn wir doch nur zurückgehen könnten (zum Leben auf der Erde) **und nicht die Zeichen unseres Rabbs verleugnen würden und zu den Anwendern des Glaubens gehören könnten."**

„Aber das, welches sie vorher verborgen haben (das Wissen um die Wahrheit, mit welchem sie ausgestattet sind), **ist jetzt offensichtlich geworden. Und selbst wenn sie zurückkehren könnten, würden sie zu den Dingen zurückkehren, welche für sie als verboten gelten, sie sind definitiv Lügner."**

Und sie sagen: „Es gibt nichts als unser weltliches Leben und wir werden nicht auferstehen."

„Wenn du nur sehen könntest, wie sie vor ihrem Rabb stehen werden (wenn sie erkennen und sich bewusst werden über die Potenziale der Namen innerhalb ihrer eigenen Essenz). **Er wird sagen: „Ist dies nicht die Realität?" Sie werden sagen: „ Ja, es ist**

unser Rabb." Er wird dann sagen: „Also koste jetzt die Bestrafung als Konsequenz, weil das Wissen um die Wahrheit verleugnet wurde."(6:27-30)

Ja, da wir gerade vom **Tod** reden, möchte ich das Thema, welches im Allgemeinen vom Volk falsch verstanden wird, soweit es mir möglich ist, erläutern und erklären ...

23

WAS IST DER TOD ...? DAS WAHRE GESICHT DES TODES

Es ist bedauerlich, dass heute das Geschehnis des **Todes** in einer, seiner Wirklichkeit angemessenen Art, unbekannt ist und allgemein der **Tod** als das **Ende** angesehen wird ...!

Stellt doch **der Tod nicht das Ende**, sondern nichts anderes als den Übergang von der Welt der Materie in die immaterielle Welt dar.

Der Mensch verlässt bei dem Vorgang, der als Tod bezeichnet wird, seinen materiellen Körper und lebt mit seiner Seele, **„einem Strahlenkörper, aus holografischen Strahlen bestehend"**, in seinem Grab oder außerhalb des Grabes weiter!

Das bedeutet, dass der Tod den Übergang vom Leben mit einem materiellen Körper in ein Leben mit der Seele oder dem Astralkörper darstellt.

Der **Koran**, welcher die Grundlage **des islamischen Glaubens** darstellt, beschreibt den Todesvorgang folgendermaßen:

„Jedes Selbst wird den Tod (ohne den biologischen Körper zu leben) **kosten ...!" (3:85)**

Das Ereignis des Todes bedeutet das Verlassen des biologischen Körpers der Materie und den Übergang **der Seele** in die Welt der holografischen Strahlung ...

Da mit der Beendigung der Hirnfunktion die Abstrahlung bioelektrischer Energie endet, verliert der Körper seine elektromagnetische Anziehungskraft, mit dem er **die Seele** an sich selbst gebunden hat und so geht die Seele in eine vom Körper losgelöste Lebensform über. Eben dieser Vorgang wird als **Tod** bezeichnet.

Im Laufe des Lebens werden alle Aktivitäten des menschlichen Gehirns, ähnlich den mit Schall- und Bildwellen beladenen Fernsehwellen, in **die Seele**, das heißt in das Hologramm des **Strahlen- oder Astralkörpers** geladen.

Aus diesem Grunde verspürt der Mensch beim Übergang in die Welt der Seele keine Veränderung seines Bewusstseins ... Und die Person lebt in ihrer **Seele,** genau wie vorher in ihrem Körper, weiter ...!

Jedoch mit einem Unterschied ... Obwohl er in seinem Körper vollkommen lebendig und bei Bewusstsein ist, kann er seinen materiellen Körper nicht benutzen ...!

Ähnlich einer voll bewussten, lebendigen Person, deren körperliche Funktionen ihres Leibes versagen ...! Sie kann alle Vorgänge, die sich rundherum ereignen, sehen, hören und wahrnehmen, aber sie kann mit den Außenstehenden keinen Kontakt aufnehmen ...!

So beschreibt dann auch der große islamische Gelehrte **Ibrahim Hakki aus Erzurum** in seinem Werk **„Marifetname"** den Vorgang des Todes mit den Worten des **Propheten Mohammed** folgendermaßen:

„Der Mayyit (der Mensch, der den Tod zu schmecken bekommt) weiß, wer seinen Körper wäscht, wer ihm das Leichentuch anlegt, wer seinem Leichenzug folgt, wer ihn ins Grab hinablässt und wer ihm die islamischen Glaubensartikel vorträgt."

Seine Bestimmung **„Neben dem Mayyit sollt ihr nicht lautes Wehklagen erheben und euch nicht eure Haare raufen"** rührt daher, dass der Verstorbene euch sieht und über euren Zustand

Kummer verspürt.

Der als Tod bezeichnete Vorgang, bei dem der materielle Körper als nicht mehr funktionstüchtig empfunden wird und bei dem die Person **„als Seele" lebendig, mit vollem Verstand** und **vollem Bewusstsein** im Grab die Ansprache von Außen vernimmt, wird uns am besten im Hadith-Buch *(A. d. Ü.: gesammelte Überlieferungen vom Rasulallah Mohammed Mustafa, saw)* von **Bukhari** veranschaulicht. Achten Sie vor allem auf folgendes Zitat des Rasulallahs, das von Talha (r.a.) überliefert wird:

„Am Tage des Badr-Krieges befahl der Nabi (saw), die Leichen von 24 Honoratioren aus Kureysch zu sammeln und sie in einen verschmutzten Brunnenschacht, im Brunnen von Badr, zu versenken. Auf diese Weise sammelte sich in dem Brunnen neuer Unrat an. Es war die Angewohnheit des Rasulallahs, wenn er einen Stamm besiegt hatte, drei Tage auf dessen Sammelplatz zu lagern.

Als der dritte Tag nach dem Badr-Krieg anbrach, befahl der Rasulallah, dass man ihm sein Kamel bringe. Die Wegelast wurde aufgeladen und festgezurrt, dann setzte sich der Rasulallah in Bewegung. Seine Gefährten schlossen sich ihm an ...

Unterdessen sprachen diese untereinander: »Wahrscheinlich geht unser Rasul zu einem Wallfahrtsgebet.«

Endlich hielt der Rasulallah an der Seite des Brunnens an, in den die Leichen der Getöteten versenkt worden waren und rief diese mit ihren und ihrer Väter Namen an:

»He sowieso, Sohn des Sowieso, he Abu Djahil, Sohn des Hisham, he Utbe, Sohn des Rebiha ... Wenn ihr Allah und seinem Rasul Glauben geschenkt hättet, wäret ihr jetzt voller Freude ....! He, ihr Geschöpfe ....! Wir haben den Sieg, den uns Allah verhieß, wahrhaftig errungen! Habt ihr auch wirklich den Sieg erreicht, den euch euer Gott zugesagt hatte ...?«"

Auf diese Ansprache hin fragte Umar (r.a.):

„Oh, mein Rasul, warum sprichst du zu diesen leblosen Leichen ...?"

Der Rasulallah (Friede sei mit Ihm) antwortete Folgendes:

„Ich schwöre im Namen dessen, der Mohammeds Seele in Händen hält, ihr könnt das, was ich gesagt habe, nicht besser verstehen als jene ...!"

Wie man hier sieht, stellt der **Rasulallah (saw)** bei dieser Begebenheit, über die uns in **Bukhari** berichtet wird, folgendes **großes Mißverständnis richtig ...:**

„Die Menschen werden tot in das Grab gelegt und erst später, am Auferstehungstag, werden sie wieder lebendig ... "

Es gibt keine bessere Überlieferung, welche diesen falschen Glauben widerlegen könnte.

„Die Menschen werden mit ihrer jetzigen Intelligenz und bei vollem Bewusstsein in das Grab gelegt und können die von außen an sie gerichteten Ansprachen genauso verstehen, als wenn sie draußen wären."

Der dritte Kalif Osman bin Affan (r.a.) weinte, wenn er an einem Grab stand, so lange, bis sein Bart durchnässt war. Deshalb sagte man zu ihm:

„Du denkst an die Hölle und das Paradies und weinst nicht, aber vor dieser, der Grabangst, weinst du ..."

Osman antwortete darauf:

„Von unserem Rasul hörte ich Folgendes ...

»Es ist gewiss, dass das Grab die erste Etappe des Jenseits ist ...! Wenn eine Person von hier erlöst wird, wird sie auch leicht von den nächsten Etappen erlöst.

Falls die Person nicht aus ihr freikommt, so werden die nachfolgenden Stationen um so schlimmer werden ...!«"

Später fuhr **Osman (r.a.)** folgendermaßen fort: „Unser Nabi geruhte Folgendes zu sagen:

»Ich habe noch keinen so fürchterlichen Anblick gesehen, wie ein Grab ...!!!«"

Am Grabe des **Sa'd bin Muaz**, der zu den zuerst zu nennenden **islamischen Märtyrern** zählt und dessen Leichnam von unserem Rasulallah (saw) bestattet wurde, sagte er Folgendes:

„Diese auserwählte Kreatur, für die das Firmament erzitterte und sich die Pforten des Himmels öffneten und Tausende von Engeln auf die Erde herabstiegen, selbst diese Kreatur fühlte sich in ihrem Grab dermaßen bedrängt, dass sie fast mit den Gebeinen zitterte ...!! Wenn es vor den Qualen des Todes eine Rettung gäbe, so wäre diese als erste Sa'd zuteil geworden ...! Aufgrund des Grades, den er erreicht hatte, wurde er lediglich recht schnell von diesen Qualen erlöst; das ist alles ...!

Lassen Sie uns jetzt nachdenken ... Wenn eine Person nicht **lebendig** und **bei Bewusstsein** ins Grab gelegt würde, könnte man dann überhaupt von solch einer Qual reden?

Man fragte den **Rasulallah** (saw):

„Welcher der Gläubigen ist noch klüger und bewusster ...?"

„Derjenige, welcher sich am meisten daran erinnert, was mit dem Tod auf ihn zukommt und sich bestmöglich auf das Leben nach dem Tode vorbereitet ... Eben diese sind die Klügsten und Bewusstesten ..."

In einer anderen Erklärung geruhte er wiederum Folgendes zu sagen:

„Der Bewussteste und am weitesten vorausblickende Mensch ist jener, der seine Seele den Weisungen Allahs unterwirft und Handlungen verrichtet, die ihm nach dem Tode nutzen werden ... Der Unfähige unterwirft sich den körperlichen Gelüsten; später erwartet er etwas von Allah ...!"

Und wiederum ein Gefährte des Rasulallahs **Ibn-i Mes'ud** berichtete Folgendes über **die Qualen des Grabes:**

„»Ganz gewiss werden die Sünder im Grab Qualen erleiden. Sogar die Tiere werden ihre Schreie hören ...«, so habe ich es den Rasulallah verkündigen hören."

Abu Said al Khudrî berichtete, dass der Rasulallah Folgendes zu sagen geruhte:

„Bis zum Auferstehungstag werden über den Leugner in seinem Grab 99 stechende und beißende Ungeheuer herfallen.

Würde nur eines von diesen seinen Atem auf die Erdoberfläche blasen, so wurde keine Grünpflanze mehr grünen ...!"

Ibn-i Umar (r.a.) berichtet, dass der Rasulallah Folgendes erzählte:

„Wenn einer von euch stirbt, gleich, ob er ins Paradies oder in die Hölle gehört, er bekommt morgens und abends seinen Aufenthaltsort gezeigt. Dies ist dein Platz. Bis zum Baa's des Auferstehungstages wirst du hier sein."

Hier sollten wir auch auf Folgendes hinweisen. In folgendem Satz, den wir in dem Gebet **AMANTU** sprechen, heißt es:

„Wal ba'su ba'dal MAWT" ..., es heißt nicht **„Wal ba'su ba'dal Kiyamat".**

Das besagt, dass das Ereignis, welches mit dem Wort **Baas** bezeichnet wird und die Wiederbelebung des Menschen darstellt, nicht erst nach dem Auferstehungstag stattfindet, sondern unmittelbar nachdem der Mensch den Tod erfahren hat eintritt ...! Auf dieser Welt leben wir mit dem uns bekannten, materiellen Körper und mit der vom materiellen Gehirn geschaffenen Seele.

Der große islamische Gelehrte und Mystiker **Imam Ghazali** berichtet uns in seinem Werk **„Asma'ul husna Scharhi"** über „Al Bais" Folgendes:

„Viele der Menschen ergehen sich in diesem Punkt in einer irrigen Vorstellung ... Dieses versuchen sie auf verschiedene Arten zu erklären; sie sagen, dass der Tod das Ende ist, dass der Körper, wenn der Baa's vorbei ist, neu belebt wird, genau wie bei der ersten Belebung ...

Zum Ersten ist deren Vermutung, dass der Tod das Ende der Existenz ist, falsch ...! Selbst die Annahme, dass die zweite Wiederbelebung, wie die erste sei, ist verkehrt ...! Denn das Grab ist entweder eine Gruft wie eine Feuergrube oder ein Garten gleich den Paradiesgärten ...

Aber diejenigen, welche die innere Offenbarung erlangt haben, denen der eigentliche Sinn bewusst ist – diese sagen, dass die Existenz der Menschen für die Ewigkeit gemacht ist ..., für sie wird es kein Ende geben ...

Ja, manchmal wird der Kontakt zu seinem Körper unterbrochen und man sagt, dass er verstorben sei ... Dann wiederum bekommt er seinen Körper zurück und man sagt, dass er auferstanden ist ...

Diejenigen, welche glauben, dass die Auferstehung einer Wiedergeburt, gleich der ersten Geburt, ist, die irren sich in dieser Annahme ...! Denn die Auferstehung bedeutet eine, der ersten Belebung nicht gleichende, ganz neue Lebensform ...

Eigentlich gibt es für den Menschen mehrere Transformationen und Lebensformen, seine Neubelebung geschieht nicht nur zweimal ...!"

* * *

Wenn der Mensch den Tod zu schmecken bekommt, dann löst sich sein **materieller Körper** auf und er lebt mit seiner **Seele** wiederauferstanden bis zum **Jüngsten Tag**.

Später, am **Auferstehungstag** – auch **Kiyamet** genannt – in der Phase, in der die Erde sich durch die Sonnenglut auflöst, wird der Mensch ähnlich seiner heutigen Charakteristik wiederbelebt ...!

Und endlich, zum letzten Mal wird der Körper je nach der Umgebung, in die er kommt, neu gestaltet und belebt.

Werden wir im Grab unsere jetzige Intelligenz, unser Fühlen und unser Wahrnehmungsvermögen besitzen?

Dazu sagt **Abdullah bin Umar** Folgendes ...:

„Als sich **Hz.Umar** mit dem **Rasulallah** darüber unterhielt, dass die beiden Engel Munkir und Nakir ins Grab kommen und Fragen stellen, fragte **Hz.Umar** Folgendes:

»Mein Rasul, sag, werden wir im Grab bei klarem Verstand sein?«

»Ja ...! Genauso wie heute ...!«"

Was geschieht nun, wenn ein Mensch, der den Tod zu kosten bekommt, mit vollem Bewusstsein und Verstand, lebendig, aber mit einem Körper, dessen Lebensfunktionen erloschen sind, ins Grab gelegt wird?

Lassen Sie uns dies aus dem Munde **Anas (r.a.)** hören:

„**Der Rasulallah (Saw) sagte Folgendes:**

»**Der Mensch hört, wenn er in das Grab gelegt wurde, die Schritte der Menschen, die sich von seinem Grab entfernen ... Wenn sie gegangen sind, erscheinen zwei Engel. die ihn aufsetzen und Folgendes fragen:**

»**Was sagst du über den Menschen, der Mohammed genannt wird ...?«**

Ist er ein Befolger von Mohammed, sagt er:

»**Ich bezeuge, dass Mohammed ein Diener Allahs (Abdu Hu) und Sein Rasul (Rasulu Hu) ist«** ...

Darauf sagt man ihm:

»**Schau dir deinen Platz hier in der Hölle an! Allah hat ihn mit dem im Paradies vertauscht ...«** Der Mensch sieht daraufhin sowohl seinen Platz in der Hölle wie auch seinen Platz im Paradies, wo er hingehen wird ...

Der Leugner oder sich zum Schein Moslem Nennende sagt jedoch Folgendes:

»**Zu diesem Thema habe ich keine feste Vorstellung, außer dem, was die Menschen erzählt haben ...!«**

Und zu ihm wird Folgendes gesagt:

»**Du bist unwissend und hast HU nicht erkannt ...! Daraufhin erhält er mit einem Knüppel einen solchen Schlag, dass seinen Aufschrei alle außer den Menschen und Djinnen hören können ...!«"**

Wir wollen nun dieses Thema mit folgender Überlieferung beschließen:

„**Diejenigen, die den Tod zu kosten bekommen, werden durch das Weinen ihrer Angehörigen gequält."**

Zu diesem Thema gibt es in den Büchern der Überlieferungen unseres Rasulallahs mehrere Zitate.

Die Schlussfolgerung ist diese:

Der Mensch stirbt nicht, er bekommt den Tod zu kosten ...!

Bei dem **Vorgang des Todes** verliert der Mensch die Gewalt über den materiellen Körper und lebt übergangslos in seiner **Seele**, die aus **holografischen Strahlungen** besteht, weiter.

Aus diesem Umstand heraus **ist jeder Mensch, der begraben wird, bei vollem Bewusstsein**.

Bis zum Jüngsten Tag lebt er bei klarem Bewusstsein weiter. Am Auferstehungstag bekommt er dann, gemäß der Voraussetzung dieses Tages einen neuen Körper.

Was geschieht nun, wenn man den Tod erfahren hat?

Lassen Sie uns dies kurz erklären ...

Von dem Augenblick an, wo der Mensch den Tod zu schmecken bekommt, kann er noch für eine begrenzte, kurze Zeit die Welt ringsherum wahrnehmen ... Die Ereignisse in seiner Umgebung, die Gespräche, die Trauer, das Klagen und Schreien nimmt er genauso wahr, wie er es vorher mit seinem biologischen Körper wahrgenommen hatte ... Zu diesem Zeitpunkt ist er wie ein Mensch, dessen körperliche Lebensfunktionen gelähmt sind ... Er nimmt alle Geschehnisse in seiner Umgebung wahr, kann sich aber nicht äußern ... Dann kommt der Augenblick, wo die Leichenwäsche vorgenommen wird ...

Warum wird der Leichnam gewaschen?

Der verborgene Sinn der Leichenwäsche besteht, soweit wir wissen, darin, dass der biologische Körper, in dem das zelluläre Leben noch nicht ganz erloschen ist, durch das Wasser mit Hilfe der Osmose eine bioelektrische Unterstützung erhält ...

Auf diese Art kann der Mensch noch für eine begrenzte Zeit durch seinen Körper, wenn auch nur einseitig mit seiner Umgebung, in der er gelebt hat, Kontakt haben.

Die Zeitspanne vom Beginn des Todeserlebnisses bis zum Auferstehungstag wird **„Welt des Barzakh"** *(A. d. Ü.: eine Dimension der* Barriere, *denn es gibt keine Verbindung zum irdischen Leben mehr)* genannt.

Das Leben, welches nach dem Tod beginnt, wird in drei

Abschnitte aufgeteilt:

A – Das Leben im Grab

B – Das Leben in der Welt des Grabes

C – Das Leben im Reich von Barzakh

A – Das Leben im Grab ... beginnt mit dem „Kosten" **des Todes** eines Menschen und dem darauffolgenden **Übergang** in das **seelische Leben** in einem **Strahlenkörperhologramm** und dauert so lange an, wie die materielle Wahrnehmungskapazität im Grab noch vorhanden ist ...

Sowohl vor dem Begräbnis als auch nach dem Begräbnis besteht die Wahrnehmung aller Ereignisse in der Umwelt weiter ...

Als Beispiel für diesen Zustand könnte auf dieser Welt der Zustand dienen, in dem wir uns befinden, wenn wir im Bett liegen und am Einschlafen sind ...

So wie der Mensch, der sich ins Bett gelegt hat und gerade am Einschlafen ist, noch alle Vorgänge in seiner Umgebung wahrnimmt und spürt, ob das Bett hart oder weich ist, nimmt der Mensch, der ins Grab gelegt wird, in der ersten Zeit die Umgebung in seinem Grab wahr und kann alles beobachten ...

So kann ein Mensch, der ins Bett geht und sich zum Schlafen hinlegt, im Halbschlaf sowohl seine Umgebung wahrnehmen und gleichzeitig traumähnliche Wahrnehmungen haben. Ebenso nimmt die bestattete Person sowohl die Vorgänge außerhalb wie auch innerhalb seines Grabes wahr und sie beginnt ganz allmählich, in die Welt des Grabes überzugehen.

Eben zu diesem Zeitpunkt kommen die fragenden Engel, von denen im **islamischen Glauben** gesprochen wird und fragen *(A. d. Ü: drei konzeptionelle Fragen, gültig für die ganze Menschheit)* ...

1. Wer ist dein *Rabb* *(A. d. Ü: Was ist das wahre Selbst und welches Potenzial ergibt sich daraus? Wer bist du eigentlich, was stellst du dar, weil du ohne physischen Körper trotzdem noch vorhanden bist)* ...?

2. Was ist dein *Buch* *(Was für ein Wissen hast du erlangt bzgl. des absoluten, wahren „Ichs", also der Wahrheit und was weißt du über die Ordnungsgesetze des ewig funktionierenden Systems?) ...?*

3. Wer ist dein Nabi *(An wen hast du geglaubt, der diesen Moment vorhergesehen hat, so dass die präventiven Maßnahmen hätten verrichtet werden können, so dass du jetzt vorbereitet sein könntest und ein Potenzial hätte entfaltet werden können) ...?*

Achtung ...! Im Grab wird niemals danach gefragt, welches dein **Madhhab** *(A. d. Ü.: Rechtsschule; in den islamischen Ländern existieren vier Rechtsschulen bzgl. dessen, was in der Religion erlaubt und nicht erlaubt ist)* oder welchem (Sufi-)**Orden** du angehörst ...! Hier wird niemals von der **Rechtsschulen-Angehörigkeit** oder **Ordensschaft** eines Menschen gesprochen ...!

Diejenigen, welche behaupten, dass dem Menschen im Grab zu diesem Thema Fragen gestellt werden, kennen unseren Glauben nicht ...! Denn weder im Koran noch in den Büchern der Überlieferung mit den Zitaten des Rasulallahs Mohammed Mustafa (saw) steht, dass dem Verstorbenen im Grab Fragen nach seiner Rechtsschule oder nach seinem Orden gestellt werden ...!

Rechtsschule und Orden haben sich erst gebildet, nachdem der Hz. Mohammed ins Reich von Barzakh eingegangen ist; folglich spielen sie im Reich von Barzakh keine Rolle!

Ja, und nach dieser Befragung geht die Seele entweder in die Welt des Grabes oder in das Reich von Barzakh ein ...

Was ist der Unterschied zwischen der **Welt des Grabes** und dem **Reich von Barzakh?**

B – Das Leben in der Welt des Grabes ...

Diese Welt gleicht einer Traumwelt, nur weiß der Betreffende nicht, dass er träumt und erlebt seine Umgebung, als wenn er auf der Erde lebte ... So wie er das Erdenleben als wahres Leben empfunden hat, so empfindet er das Leben beim Übergang in die Welt des Grabes auch als wirkliches Leben ...

Dieses Leben ist entweder in der Art und Weise, welche „Grabparadies" genannt wird, möglich und äußert sich in angenehmen und reizvollen Träumen oder es stellt sich als „Grabhölle" dar und bringt dem Betreffenden im höchsten Maße grauenvolle und quälende Alpträume.

Dieser Zustand hält bis zum Jüngsten Tag an ... Dies ist das Leben der Bestatteten in der Welt des Grabes ... Im Buch „**Hadis-i-Yarifiye**" beschreibt der Rasulallah diesen Zustand folgendermaßen:

„Das Grab ist für die Person entweder ein Garten von den Paradiesgärten oder eine Höllengrube."

Daneben gibt es noch das Leben im **Reich von Barzakh** ...

C – Das Leben im Reich von Barzakh ...

... ist eine Lebensart, die „**FIYSEBILILLAH**"-Märtyrern auf dem Wege Allahs sowie „**AWLIYAULLAH**" (Heiligen, die gestorben sind, bevor sie sterben) und **Rasuls und Nabis** von den Bedrängnissen der Welt des Grabes befreit und ihren Seelen ein Leben ermöglicht, in dem sie sich frei bewegen können ...

Im Leben des **Reiches von Barzakh** können sich die Rasuls, Heiligen (Awliya) und Märtyrer frei bewegen und wandeln und ihrem Rang entsprechend untereinander Kontakt aufnehmen ...

Außerdem gibt es im Reich von Barzakh so etwas wie eine Hierarchie, unter der die dort befindlichen geleitet werden ... In unserem Buch „Der Mensch und seine Geheimnisse" wird dieses Thema im Abschnitt „RICALI GAYB" ausführlich behandelt. *(A. d. Ü.: Dieses Buch ist bisher nur in türkischer Sprache erschienen.)*

Diejenigen unter den Awliyaullah, welche sich im Reich von Barzakh befinden und in ihrem weltlichen Leben die Bezeichnung „**Fath**" erhielten *(„Eroberung", d. h. im irdischen Leben von allen Restriktionen des Körpers befreit und deshalb, obwohl ihr körperliches Leben weitergeht, mit ihrer Seele unabhängig und frei herumwandeln können, als wären sie tot und nicht mehr an ihren Körper gebunden)* können Verbindung zu den Menschen auf der Erde aufnehmen.

Dagegen können die Awliyaullah, welche nur den Grad des **„Kaschif"** erreicht haben *(„Aufdeckung", d. h., dass ihre Seele sich noch nicht vom Körper getrennt hat, die Wahrnehmungsmöglichkeit aber schon weit über das normale hinaus entwickelt ist und benutzt werden kann)* alle Freiheiten des **Reiches von Barzakh** genießen, können aber keine direkte Verbindung zur Welt aufnehmen ...

Ausführlicher wird das Thema „Kaschif" und „Fath" in unserem Buch **„Die Kraft des Gebets (*wie durch Zikir Hirnwellen gelenkt werden)*"** behandelt.

Der Mensch lebt, nachdem er **den Tod gekostet hat**, entweder in seiner **Welt des Grabes** oder entsprechend seinem Rang, den er erreicht hat, im **Reich von Barzakh** weiter.

Solch ein Leben erwartet also einen jeden von uns ...!

Wer möchte, kann dieses Thema in der einschlägigen Literatur nachlesen und den Wahrheitsgehalt unserer Aussagen überprüfen.

24

DIE RELIGIÖSEN HANDLUNGEN SIND FÜR DIE EIGENE PERSON

Wenn Sie das, was wir bisher geschrieben haben, verstehen, beantworten Sie sich bitte selbst diese Frage: Inwieweit bin ich auf diese Lebenswirklichkeit vorbereitet ...?

Wie sieht es aus, war Ihre Antwort befriedigend ...?

Wenn die Antwort, die Sie sich gegeben haben, nicht zufriedenstellend war, bedeutet das, dass Sie sich noch nicht in der notwendigen Art und Weise auf das Leben nach dem Tode vorbereitet haben ...!

Wenn das so ist, dann werden Sie mit der Vorbereitung an einer Stelle beginnen müssen ...

Sie werden einen Teil Ihrer Zeit für Aktivitäten abzweigen müssen, die als „IBADET" (= religiöse Handlungen oder spirituelle Handlungen) bezeichnet werden. Wir sprachen schon davon, dass alle religiösen Handlungen insgesamt mit der Bioenergie und dem biochemischen Aufbau des Gehirns im Zusammenhang stehen ...

Wie man weiß, dient ein Teil dieser Handlungen der Erzeugung bioelektrischer Energie, die der Körper benötigt ... Diese Energie wird von Seiten des Gehirns ausgewertet und als Wissen und Energie in den Strahlenkörper geladen ...

Eben aus diesem Grunde kann es im Leben nach dem Tod, wenn das Gehirn seine Funktion aufgibt und außer Betrieb ist, keine religiösen Handlungen mehr geben ...!

Deshalb verlieren die Auflagen des Schariats, die islamische Gesetzgebung, im Leben nach dem Tod ihre Gültigkeit ...! Denn diese Angebote und Vorschläge gelten für das weltliche Leben und sind allesamt auf die bioelektrische und biochemische Struktur des Gehirns ausgerichtet ...

Hier gibt es noch einen wichtigen Punkt, den wir bedenken müssen ...

Die **islamische Religion** ist vor allem dazu verkündet worden, dass die Menschen **Allah** erkennen und so weit wie möglich verstehen können, darüber hinaus ist sie auch in der Absicht verkündet worden, die Menschen durch die Verrichtung von religiösen Handlungen auf das Leben nach dem Tode vorzubereiten ...

Der Rasulallah (saw) empfahl den Menschen ein Leben nach den Regeln des **Islams** und betonte gleichzeitig, dass ein Nichtbeachten dieser Regeln in einem bestimmten Ausmaß Schaden über die Person bringen werde ...

Allerdings steht nirgendwo eine Bestimmung, dass die Person wegen der Regierungsform des Landes, in dem sie lebt, zur Rechenschaft gezogen würde ...

Der islamische Glaube einer Person ist nicht an das Staatsregime ihres Landes gebunden ...! Wenn dies nämlich so wäre, dann gäbe es, da es **auf dieser Welt kein islamisches Regime** gibt, folglich keinen, der sich Muslim nennen könnte ...

Die Überlieferung „**Nach mir soll das Kalifat noch 30 Jahre andauern**" will gut bedacht sein ...

Außerdem darf man nicht vergessen, dass die Religion das Individuum anspricht und es im Leben nach dem Tod keinen Staat, sondern die Person gibt ...

Die Menschen sind dazu verpflichtet, so gut sie können **den Islam** zu verstehen, ihn zu leben und anderen in einer ihnen verständlichen Form zu empfehlen ...

Dies müssen wir mit Bestimmtheit wissen, ein jeder wird die Resultate seiner Hände Arbeit ertragen müssen ...

* * *

Auch dieses sollten wir noch einmal mit Nachdruck betonen:

Alle unter dem Namen religiöse Handlungen ausgeführten Aktivitäten zielen darauf hin, die notwendige Energie für das seelische Leben der Person zu schaffen.

Jetzt lassen sie uns die als religiöse Handlungen bezeichneten Aktivitäten *(Ibadat)* näher beschreiben ...

A – Handlungen, die verhindern sollen, dass der Mensch sich selbst ausschließlich als körperliches Wesen betrachtet und nur für die Bedürfnisse des Körpers lebt.

B – Handlungen, die daraufhin ausgelegt sind, auf dem effektivsten Wege bioelektrische Energie im Gehirn zu erzeugen.

C – Handlungen, die darauf gerichtet sind, dass das Gehirn die vorhandene bioelektrische Energie in Mikroenergie umwandelt, um sie in dem Seele genannten holografischen Strahlenkörper zu speichern.

D – Handlungen, die dazu dienen sollen, sich mit dem kosmischen Wissen zu identifizieren, was in der Mystik kurzgefasst mit „sich mit den Eigenarten Allahs zu charakterisieren" oder „sich mit Allah verbinden" bezeichnet oder als „zu Allah gelangen" beschrieben wird.

Wie Sie sehen, stehen alle diese religiösen Handlungen oder Aktivitäten, die wir hier kurz unter vier Hauptpunkten zusammenzufassen versuchten, mit dem **Gehirn in Verbindung**.

Das Gehirn verwendet die benötigte Energie und lädt sie, indem es sie in Mikroenergie verwandelt, in die Seele. Gleichzeitig strahlt es Wellen, die bestimmte Informationen enthalten, entsprechend seiner Energie in die Atmosphäre ab.

Wenn sich bei Geburt im Gehirn noch eine zusätzliche Phase geöffnet hat, so lädt das Gehirn zu seiner erzeugten Mikroenergie auch noch eine Art von Anti-Gravitations- oder antimagnetischer Energie. Die Seelen oder Strahlenkörper, die diese antimagnetische Energie gespeichert haben, können sich am Auferstehungstag aus dem magnetischen Anziehungsfeld der Erde und der Sonne erretten und die unzähligen Sterne der Galaxie erreichen.

Sollte aber das Gehirn keine antimagnetische Energie in die Seele oder den Strahlenkörper speichern können, so wird sich die Seele nicht aus der Erdanziehungskraft oder dem Magnetfeld der Sonne befreien können und bleibt für immer und ewig zusammen mit der Erde in der Sonne eingeschlossen.

„Ihr werdet niemals eine Veränderung in der Sunnatullah (die Ordnungsgesetze von Allahs System) **sehen." (35:43)** ...

Dieser Koranvers zeigt deutlich, dass dieses Gesetz ohne Ausnahme für alle Menschen gilt. Darum muss man sich Folgendes bewusst machen ...

Dieses System wurde vor Milliarden von Jahren geschaffen und ist in Betrieb ...!

Unter diesen Umständen hat der Mensch zwei Möglichkeiten ...

Entweder richtet er sich nach dem System und nutzt sein Leben auf dieser Welt, um nach den Bestimmungen des Systems Aktivitäten zu entwickeln, die im zukünftigen Leben nutzbringend sein werden ...,

... oder er beschließt, sein Leben auf dieser Welt ohne einen Gedanken an das System oder die Zukunft zu verschwenden und lebt ausschließlich mit Aktivitäten, die auf seine körperlichen Bedürfnisse hin ausgerichtet sind ...!

Die Personen, welche das Geheimnis des **„Vorbereitungssystems auf das Leben nach dem Tod"**, das als **Religion** bezeichnet wird, nicht verstanden haben, verbinden diese **Religion** ihrer falschen Interpretation zufolge mit einer **„Gesellschaftsordnung"** ... Und das zieht natürlich letztendlich sogar eine Verbindung mit einem Staatsregime nach sich ...!

Wobei doch, wie wir nochmals betonen möchten, die religiösen

Handlungen des Islams nicht mit den weltlichen Regierungen in Verbindung stehen, sondern als Notwendigkeit für das Leben nach dem Tode den Menschen mitgeteilt wurden.

Dies sind die Themen, welche uns der Rasul Allahs Mohammed (saw) sein ganzes Leben hindurch klar und deutlich zu vermitteln versuchte:

1. Allah ist kein anzubetender Gott und es ist undenkbar, dass man Allah anbetet!

2. Alle Handlungen, die ein Mensch verrichtet oder verrichten wird, sind keine Anbetungen, sondern stellen sein „Dienen" dar ... Dies ist zwangsläufig so ...!

3. Alle religiösen Handlungen einer Person sind nicht dazu geeignet, einen imaginären Gott im Himmel günstig zu stimmen, sondern sie haben etwas mit der eigenen Zukunft zu tun und sind darauf gerichtet, Verdienste für das Ewige Leben zu erlangen ...

4. Damit die Person ihren eigenen Ursprung, ihr Original, ihre eigene Wirklichkeit – nämlich Allah – erkennen kann, muss sie die irrige Annahme des „Ichs" aufheben und muss „sterben, bevor sie stirbt ...!"

Ansonsten geht sie mit „einem verschleierten Bewusstsein" in die immaterielle Welt ein und kann sich aus den vorher aufgeführten Gründen nie wieder von diesem „verschleierten Bewusstsein" befreien!

Eben diese vier Hauptpunkte haben wir in unseren vorherigen Büchern und auch in diesem Buch aus verschiedenen Perspektiven heraus zu erklären versucht.

Allah, wie ihn Sein Rasul Mohammed erläutert und der **islamische Glaube,** den „HU" verkündete, sind weit von dem religiösen Verständnis entfernt, das sich bis zum heutigen Tage im Volk oder in religiösen Kreisen, durch Vermischung von Geschichten und abergläubische Überlieferungen entstanden ist; dies müssen wir mit Bestimmtheit verstehen und glauben ...

Und das tatsächliche **„Verständnis Allahs"** wird erst in zukünftigen Generationen besser verstanden werden ...

Zusammenfassend wird eine kurze Untersuchung der Quellen, sei sie noch so klein und eine darauf aufbauende Überlegung Ihnen beweisen, dass das, was wir Ihnen mitteilten, der Wahrheit entspricht!.

25

WAS IST ZIKIR (Erinnerung an die essentielle Wahrheit)?

Ja, **die Religion** ist nicht für die irdische Herrschaft, sondern für die Herrschaft nach dem Tode oder, mit den Worten des **Jesus,** *„um das Königreich des Himmels"* zu erreichen, verkündigt worden. Aber dies ist nur möglich, wenn wir die essentielle Wahrheit des Selbst kennlernen.

Auf welche Weise kann man die notwendigen Kenntnisse über das Wissen des Selbst erwerben ...?

Natürlich durch das Gehirn!...

Unser Gewinn steigt in dem Ausmaß, in dem die Kapazität und das Niveau ansteigen, mit dem wir unser Gehirn benutzen und ausnutzen können ...!

In diesem Verhältnis steigt unsere Fähigkeit, weitreichend zu denken, in diesem Verhältnis erlangen wir einen objektiven Blickwinkel, in diesem Verhältnis wird unsere Seele gestärkt und in diesem Verhältnis erlangen wir die Gelegenheit, Allah noch besser kennenzulernen.

Soweit so gut, aber wie erwirken wir diese Entwicklung unseres Gehirns ...?

So, wie es in unserem Buch **„Die Kraft des Gebets** *(wie durch*

Zikir Hirnwellen gelenkt werden)" ausführlich beschrieben ist: durch die Zikir genannte Aktivität!

Ja, **das Zikir** bildet den Schlüssel zum Erfolg ...!

Wir wollen dieses Thema hier nur kurz erklären:

Als Erstes versteht man unter Zikir das wiederholte Aufsagen von bestimmten Namen Allahs und von Gebeten ...

Die zweite Bedeutung ist Erinnerung, Gedenken und in einem bestimmten Zustand zu verweilen.

In einer noch höheren Dimension versteht man unter **Zikir** das Befassen mit einem bestimmten Thema, welches einen **tiefen und umfassenden Gedankengang** nach sich zieht. Hier sind einige Mahnungen aus dem **Koran** über das **Zikir**:

„**Oh ihr, die den Glauben anwendet, lasst nicht zu, dass euer Vermögen oder eure Kinder euch von der Erinnerung Allahs** (die Erinnerung an das wahre Selbst und die notwendigen Praktiken, die sich daraus ergeben) **abhalten ...! Und wer auch immer dies tut, der wird zu den Verlierern gehören.**" (63:9)

* * *

„**Sie** (die Objekte/Idole ihrer Anbetung) **werden sagen: »Erhaben bist Du! Es ist nicht möglich für uns, neben dir irgendwelche Freunde zu haben. Aber als Du ihnen und ihren Vätern Bequemlichkeiten gabst, haben sie das Wissen um die Wahrheit vergessen und haben sich in körperliche Vergnügen gestürzt, welches letztendlich zu ihren Ruin führte!«**" (25:18)

* * *

„**Wer sich** (mit weltlich-äußerlichen Dingen) **dem Zikir des Rahman** (während man sich daran erinnert, dass die Namen von Allah die Wahrheit darstellen und gemäß dieser nicht lebt) **blind gegenüber verhält, dem werden wir einen Satan** (Zweifel, sich selbst nur als Körper zu akzeptieren und Gedanken auszuleben nur für körperliche Vergnügen) **anerkennen! Diese** (Akzeptanz) **wird seine** (neue) **Persönlichkeit sein ... Wahrlich, dieses hat sie vom Weg** (die Wahrheit zu erreichen) **abgebracht, sie nehmen aber**

immer noch an, dass sie sich selbst noch auf dem richtigen Weg befinden ...!" (43:36-37)

* * *

„Der Satan (der Gedanke, nur ein Körper zu sein) **hat diese so etablieren lassen, dass sie das Zikir an Allah** (derjenige, der sich seiner Wahrheit erinnert, sich von seinem Körper abwendet und davon, dass er durch die Namen Allahs zur Existenz kam und mit Seiner Konstruktion, d. h. *Schu´ur – reines universales Bewusstsein* – bis zur Unendlichkeit leben wird) **vergessen haben ... Sie gehören zur Partei Satans** (die Unterstützer von satanischen Gedanken, d. h. sich selbst nur als Körper anzunehmen) **... Seid vorsichtig, wahrlich die Partei Satans** (diejenigen, die denken sie sind nur ein Körper aus Fleisch und Blut) **wird große Verluste erleiden."** (58:19)

* * *

Am Zikir mangelt es im Allgemeinen allen von uns ...

Die Gehirne, welche die Kraft des Zikirs entbehren müssen, öffnen sich mit Leichtigkeit für die Einflüsse der **Djinn** ...

Der Zustand des Menschen, der mit den Worten *„dem Satan unterworfen zu sein"* beschrieben wird, erreicht weitaus größere Dimensionen, als man gemeinhin annimmt ...

Im Koran wird wie folgt betont, dass **ein Großteil der Menschen** unter **dem Einfluss der Djinn** steht:

„Oh ihr vom Geschlecht der Djinn, ihr habt den größten Teil der Menschen unter euren Einfluss gebracht ...!" (6:128)

Der einzige **Abwehrmechanismus** des Menschen gegen die **Djinn**, die sich heutzutage als **Außerirdische** dem Menschen präsentieren und gemeinhin als **Weltraumgeschöpfe** angesehen werden, ist das **Zikir ...!**

Der **Koran** lehrt uns **Gebete**, welche als Zikir (Erinnerung) gegen jene schützen:

Rabbi inni massaniyasch schaytanu binusbin wa azaab, Rabbi auzu bika min hamazatisch schayatiyni wa auzu bika rabbi an yahdurun. Wa hifzan min kulli schaytanim marid. (Saad:41, Mu'minun:97-98, Saffat:7)

„**Mein Rabb** (die Wahrheit der Namen, die meine Essenz bilden), **wahrlich Satan** (das Gefühl, nur der Körper zu sein) **hat mich mit Tortur und Schwere befallen.**"

„**Mein Rabb! Ich suche Schutz in Dir** (die schützenden Namen in meiner Essenz) **vor den Impulsen der Satane** (welche zum Köperlichen einladen). **Und ich ersuche Schutz in Dir mein Rabb, dass sie sich mir nicht nähern.**"

„**Und Wir haben Schutz gewährt vor jedem rebellischen Satan.**"

Die Zigarette ist heutzutage eines der beliebtesten Nahrungsmittel der **Djinn**, die deshalb auch nicht von der Seite der Raucher weichen; der einzige Weg, um sich selbst vor ihnen zu schützen, ist das **Zikir** und das **Gebet** ...

Auf diese Weise bildet die Person in ihrem Gehirn einen Schild aus schützenden Wellen und kann auf diese Weise die Impulse, die von den Djinn an ihr Gehirn gesendet werden, abschwächen oder total unterbinden.

Denn ein Nutzen des Zikirs ist es auch, dass sich gemäß dem rezitierten Thema ein vom menschlichen Gehirn ausgestrahlter Schutzmantel um die Person bildet!

Ja, es sollte ein vornehmliches Ziel des Menschen sein, seine Gehirnkapazität durch das Zikir zu erweitern und dadurch sowohl sich selbst als auch seine Umgebung besser kennenzulernen ... Denn **in Ihrem Gehirn sind solch übermächtige Kräfte vorhanden, die Sie sich niemals erträumen können**, wir müssen sie nur zu nutzen wissen ...!

Denn nur auf diese Art kann der Mensch verstehen, wie sein Wesen gestaltet ist, nach welchem System es funktioniert, welche Eigenschaften in seinem Wesen verborgen sind und wie er diese Eigenarten nutzbringend gebrauchen kann; durch die notwendigen Rezitationen des Zikirs kann er dieses erreichen ...

26

DER „SCHLEIER" DER KONDITIONIERUNGEN

Wir sollten Folgendes wissen:

Das wichtigste Hindernis, welches uns gleich einem **Schleier** von all unseren Zielen zurückhält, ist die Bindung an **die Konditionierungen ...**!

Durch die Konditionierungen verfallen wir in einen Zustand, der dem des Menschen gleicht, der seine Brille auf die Stirn hochgeschoben hat und sein Leben damit verschwendet, seine Brille zu suchen ...!

Ja, wir müssen uns bewusst werden, dass die Person, solange sie sich nicht von den übernommenen Konditionierungen und den sich aus diesen übernommenen Überlieferungen ergebenden Wertschätzungen sowie von den sich aus diesen Wertschätzungen ergebenden Gefühlen befreien kann, Allah nicht wahrnehmen kann!

Solange die Person das nicht verwirklicht hat, kann sie ihr „Ich", ihre Wirklichkeit nicht kennenlernen und **Allah**, wie ihn der Rasulallah Mohammed (saw) erläutert, nicht erkennen ...!

Auf diese Art wird sie ein Leben lang „Allah" sagen und bei dem Namen an einen **Gott** denken, den sie sich gemäß **diverser Überlieferungen** in **ihrem Kopf erdacht hat** und vertut somit ihr

Leben ...!

Die Person, welche Allah, wie ihn Sein Rasul Mohammed erläutert hat, nicht verstanden hat, wird den Gott, den er gemäß seiner Instinkte und Überlieferungen in seinem Kopf erdacht hat, weiterhin Allah nennen und dies wird ihm nichts einbringen ... Denn ...

„Schirk *(A.d.Ü.: Duale Sichtweise der Vielfältigkeit als Wahrheit zu betrachten und so die Wahrheit des grenzenlosen EINEN zuzudecken)* **ist zweifellos die größte Grausamkeit ...!"**

Wenn ein Mensch **Allah, wie ihn der Rasulallah Mohammed erläutert**, nicht verstehen und begreifen kann, so wird ihm die Erfahrung des ursprünglichen Bewusstseins, ein Hineinsteigern in die Dimension des kosmischen Bewusstseins und eine Beurteilung der eigentlichen Werte des Universums für immer verwehrt sein ...!

Denn durch den Gott, den er sich in seinem Kopf geschaffen hat, ist es ihm unmöglich, seinen Kokon zu verlassen und die Wahrheit zu sehen.

Die Befreiung der Person aus **dem Kokon, den sie mit und aus den Überlieferungen** und **Konditionierungen um sich herum gesponnen hat**, ist nur dann möglich, wenn **das Wissen über die Wahrheit** an sie herangetragen wird und sie über **diese Wahrheiten tief nachdenkt, um danach nach ihnen zu leben!**

So wissen wir doch alle, dass die Gesellschaft im Allgemeinen nicht versteht, den tiefen Verstand zu gebrauchen; da sie zum größten Teil zum Auswendiglernen erzogen ist, denkt sie über tiefgehende Themen nicht nach und liebt sie nicht ...

Aus diesem Grunde richtet die Gesellschaft auch ihre Verhaltensweisen nach ihrer Umgebung, das heißt nach „Jedermann", aus ...!

Was ein Jedermann tut, das wird kopiert und nachgemacht ...!

Es ist fast so, als bete man den Götzen „Jedermann" an ...!

Die Person beginnt schon in jungen Jahren zu denken, dass die Erwachsenen alles richtig machen; und sie nimmt die soziale Konditionierung an und beginnt, sie zu benutzen ... Auf diese Art übernimmt der Mensch die Wertschätzungen der anderen und macht sie sich als feststehende Wahrheit zu eigen ...!

Eben in diese auf dem Wege der Konditionierung angeeigneten Werte und Verhaltensweisen verstrickt sich die Person ganz und gar sowie in Vorstellungen, die der Wahrheit ganz entgegengesetzt sind.

Infolgedessen beginnt der Mensch, der in seinem aus den Fäden seiner Fiktionen gesponnenen Kokon eingesperrt ist, folgendermaßen zu denken:

„Warum sollte ich mein ganzes Leben mit der Anbetung Gottes zubringen ... Irgendwann tue ich bestimmt etwas Gutes, und Gott wird mir gnädig sein und mich sowieso erretten ...!"

Dies ist insgesamt falsches Wissen und es handelt sich um Vermutungen, die nicht auf der Wahrheit basieren und durch übernommene Konditionierungen erworben wurden ...

Der Koran warnt jedoch vor den qualvollen Folgen, die ein Festhalten an sozialen Konditionierungen und Vermutungen, welche der Wahrheit nicht entsprechen, nach sich ziehen werden:

„Sie befolgen nur Vermutungen und was (ihre) **Form des Daseins begehrt, obwohl das Wissen um die Wahrheit von ihrem Rabb zu ihnen gekommen ist."** (53:23)

* * *

„Und sie haben kein Wissen darüber. Sie befolgen nur Vermutungen und wahrlich, niemals können Vermutungen die Wahrheit wiederspiegeln ...!" (53:28)

* * *

„Und eure Vermutung über euren Rabb hat euch ins Verderben geführt und ihr wurdet zu Verlierern ...!" (41:23)

* * *

Aus diesem Grund kann uns nichts so sehr schaden wie diese,

nicht der Wahrheit entsprechenden, urteilslos übernommenen Konditionierungen uns schaden!

Und so bringt uns die von unserer Umwelt geprägt **Annahme**, dass wir nur aus **Fleisch und Blut** bestehen und **die Vorstellung eines Gottes im Himmel** dazu, unseren Körper und den **Himmelsgott** anzubeten ...!

Diesem **Gott** zürnen wir, diesen **Gott** verurteilen wir, diesen **Gott** kritisieren wir und oftmals beschuldigen wir diesen **Gott**, zur falschen Zeit die falschen Dinge zu tun ...

Wir bemerken gar nicht, dass es im Himmel gar keinen solchen Gott geben kann ...!

Wir beachten den Hinweis des **Hz. Mohammed** überhaupt nicht, der uns warnt, dass es im Himmel **keinen solchen Gott** gibt ...

Und deshalb fahren wir fort, sehr große Fehler zu begehen, die wir später gewiss nicht wieder wettmachen können ...

Doch wenn wir wenigstens so denken könnten ...

Wie groß ist der Platz, den der Mensch auf der Erde einnimmt ...?

Stellen wir uns vor, es gäbe auf dieser Welt nur einen einzigen Menschen ... und es gäbe einen Gott, der so groß wie diese Welt wäre – inwieweit fällt die Größe dieses Menschen ins Gewicht ...?

Danach stellen Sie sich die Sonne vor, worin die Erde 1,3 Millionen Mal hineinpasst. Wie nimmt sich daneben die Größe der Erde aus ...?

Was ist die Größe eines Menschen neben der Sonne, worin die Erde 1,3 Millionen Mal hineinpasst ...? Das Verhältnis ist in etwa vergleichbar mit dem eines Zellchromosoms gegenüber dem menschlichen Körper ...!

Oder : Was ist die Sonne im Vergleich mit der Galaxie, die alleine 400 Milliarden Sonnen enthält?

Und wenn es in der Galaxie, die mit ihren 400 Milliarden Sonnen unvorstellbar groß ist, einen Gott gäbe, was wäre die Sonne im Vergleich zu seiner Größe …?

Und lassen Sie uns überlegen – was wäre, wenn die Sonne diesen

Gott anbeten, ihn loben und preisen würde; was wäre wenn sie ihn ablehnen, ihm zürnen, ihn verfluchen würde ...?!!!

Ja, was wäre dann neben diesem erdachten Gott in der Größe einer Galaxie, der Raum, den ein Mensch einnimt ...?

Bedenken Sie dieses wahrhaftig einmal ...!

Wenn wir dieses wirklich begriffen haben, **dann werden wir feststellen, dass die vom Islam vorgeschlagenen religiösen Handlungen nicht dazu gedacht sein können, einen Gott da draußen anzubeten oder die Gewogenheit eines Gottes zu erlangen ...!**

So haben wir es eigentlich auch von den Alten gehört:

„Allah bedarf keines deiner Gebete ... Du musst diese für dich selbst, für deine eigene Zukunft verrichten ...!"

* * *

Ja, Allah braucht deine Gebete nicht, du brauchst sie selber ...!

Denn wenn wir diesen Aktivitäten, den religiösen Handlungen, nicht genug Wert beimessen, bestrafen wir unsere eigene Seele, indem wir ihr das Erlangen von unzähligen Besonderheiten und die Energiegewinnung versagen.

Es hängt von deinen eigenen Handlungen ab, ob du die wahre Gestalt deines „Selbst" und die darin enthaltenen, unzähligen Eigenschaften erkennen kannst und ob du deine Seele ins Paradies geleitest ...!

Diese Handlungen musst du für dich selbst zu deinem eigenen Nutzen tun ...

Wenn du diese Handlungen nicht ausführst, **wirst du das Wesen sein, dem du schadest ...!**

Denn **außerhalb von dir, im Jenseits, existiert kein Gott ...!** Und du sollst diese Handlungen ja nicht zu seinem Gefallen tun.

Hier müssen wir Folgendes genau beachten:

Wenn du sagst und verstehst, dass es im Jenseits keinen Gott gibt und deshalb das Beten aufgibst, stehst du vor einem großen Verlust …!

Denn deine Gebete und religiösen Handlungen haben in Wirklichkeit einen sehr großen Nutzen für deine Zukunft. Sie dürfen nicht vernachlässigt werden …!

Hier verstehst du falsch … Du denkst, dass die religiösen Handlungen dazu dienen, diesem Gott zum Gefallen zu sein … Dabei sind diese Handlungen nicht für einen Gott außerhalb von dir im Jenseits bestimmt, sondern ganz allein auf deine Zukunft ausgerichtet …!

27

DIE HANDLUNGEN SIND DAS SPIEGELBILD DER PERSON

Wir müssen mit Bestimmtheit wissen ...

Allah hat weder einen Bedarf an deinen Gebeten, noch bedarf der Rasulallah Mohammed (saw) deines Glaubens an ihn ...!

Dies wollen wir mit einem Beispiel verdeutlichen ...

Du bist mit einem Passagierschiff unterwegs ...

Du hast dich mit dem Kapitän gut angefreundet ... Aber während der Reise kollidiert das Schiff mit einem Eisberg und gerät in Seenot. Der Kapitän verkündet daraufhin Folgendes ...:

„Unser Schiff ist am Sinken ...! Besorgen Sie sich alle dringend eine Schwimmweste oder einen Rettungsring!"

Ein Teil der Passagiere befolgt sofort die Warnung und versorgt sich mit Schwimmwesten oder Rettungsringen.

Einer aber meint:

„Ich vertraue dem Kapitän, ich liebe ihn ...!" Aber er sucht nicht nach einer Schwimmweste und nimmt auch keinen Rettungsring.

Da geht das Schiff mit allem unter und diese Person findet sich im Wasser wieder ...! Sie ist am Ertrinken ... Sie taucht unter und kommt wieder an die Oberfläche des Wassers ...! Dabei ruft sie dem Meer zu:

„He Meer, du sollst mich nicht ertränken ...! Ich habe dem Kapitän vertraut und an ihn geglaubt und ich liebe ihn sehr ...!"

Das Meer antwortet:

„Hier hat dir der Glaube an den Kapitän nicht geholfen, wenn du seine Anweisungen befolgt hättest, hätte es dir geholfen. Das Glauben an den Kapitän hätte dir an Bord des Schiffes genutzt ...

Hier ist der Ort, wo du die Resultate für deine Handlungen erhältst, hier wird nicht darüber diskutiert, ob du an den Kapitän geglaubt hast oder nicht ...!

Wenn du wirklich an den Kapitän geglaubt hättest, ihn geliebt hättest, hättest du auf dem Schiff seine Anweisungen befolgt und befändest dich nicht in dieser Lage ...!"

Die Menschen unserer Tage sagen leider auch mit großer Unwissenheit:

„Ich glaube an Allah und seinen Rasul" ... Aber sie verrichten keine diesbezüglichen Handlungen ...!

Sie halten es noch nicht einmal für nötig, dieses Thema zu untersuchen ...! Dabei wird von ihnen nicht das Bekenntnis erwartet: **„Ich glaube"** ...!

Weder Allah noch der Rasul bedürfen dieses Glaubens ...!

Aber für die Menschen besteht eine unbedingte Notwendigkeit, verschiedene Handlungen gemäß der Weisungen des Rasuls von Allah durchzuführen, damit sie bestimmte Energien und Kräfte entwickeln und sammeln können ...

Damit sie sich in der Umgebung, in die sie kommen werden, durch die Besonderheiten und Kräfte, die sie erreicht haben, selbst vor bestimmten Qualen und Peinigungen schützen können ...!

Denn wenn du bestimmte Handlungen tust, weil du dem Rasulallah Glauben geschenkt hast und dich an den Weg gehalten hast, den er gewiesen hat und du bei dir selbst durch diese

Handlungen diese Kräfte offenbarst, dann kannst du dich selbst vor dem Ort, der Hölle genannt wird, beschützen!

Aber wie sehr du auch beteuern magst, dass du glaubst und den Weg trotzdem nicht beschreitest, den dir **der Rasulallah (saw)** zeigt und du keine der erforderlichen Handlungen tust, dann wirst du dich selbst, da du die notwendigen Handlungen nicht tust, in **die Hölle** befördern, da dir die zur Rettung notwendigen Kräfte und Besonderheiten fehlen ...!

„(Im jenseitigen Leben) **alle sollen ihre Stufen gemäß ihrer Taten erlangen, so dass Er ihre Errungenschaften in Fülle kompensieren wird und ihnen wird nicht im Geringsten geschadet werden!"** (46:19)

* * *

„**Dies ist das Ergebnis, was eure Hände produziert haben. Wahrlich, Allah ist niemals ungerecht zu** (Seinen) **Dienern!"** (20:10)

* * *

Wenn sich das so verhält, dann solltest du deinen Verstand zusammennehmen, dich nicht selbst benachteiligen und den Schatz, der dir mit deinem Gehirn gegeben ist, deine Energie, dein Leben nicht mit Dingen vergeuden, die du, wenn du den Tod zu kosten bekommst, auf dieser Erde zurücklassen musst und die dir in der Umgebung, in die du gehen wirst, nichts nutzen werden ...!

Der Koranvers ...

„**Es ist ohne Zweifel, dass Allah die Verschwender nicht liebt"** ist nicht für diejenigen gesagt, die 3-5 Euro hier und da verschwenden ...! **Er meint diejenigen, die ihre Seelen, die ihr ewiges Dasein verschwenden!**

Es wird gesagt, dass du die Eigenschaften und Kräfte Allahs, welche aufgrund deines „**Stellvertreter-Daseins"** in deiner Seele, in deinem Selbst enthalten sind, nicht durch unsachgemäßen Gebrauch **„verschwenden"** sollst.

So sind auch die im Koran an mehreren Stellen vorhandenen Bekenntnisse verschiedener Rasuls und Nabis in dieser Art zu verstehen:

„Ich war gegenüber meinem Selbst grausam" und sollen Folgendes aussagen:

„Ich habe die in meiner Seele enthaltenen Eigenschaften als Stellvertreter Allahs nicht gründlich erkannt und habe deshalb selbst mein „Selbst" benachteiligt!"

Was passiert schon, wenn du die Dinge, die du sowieso auf der Erde zurücklassen wirst, eine Weile bevor du gehst, verschwendest oder nicht verschwendest ...?!

Aber wenn du die Dinge, die in der Ewigkeit für dich vonnöten sind und die du niemals wieder ersetzen kannst, verschwendest, dann benachteiligst du dich in einem solchen Ausmaß selbst, dass die unermesslich große Reue, welche dies auslösen wird, hier niemals beschrieben werden kann.

Wenn du dein Selbst, was dir im Jenseits geradezu „göttliche" Kräfte und Leben verleihen wird, nicht gründlich erkennst, so wird dir das nicht endenden Schaden zufügen.

Die Tatsachen des Jenseits unterscheiden sich grundlegend von den weltlichen Gegebenheiten ...!

Um den Unterschied des Zeitbegriffs zu demonstrieren, wollen wir ein einfaches Beispiel aufführen ...

Eine Umdrehung der Sonne um das Zentrum der Milchstraße dauert 255 Millionen Jahre ...! Können wir uns vorstellen, was das bedeutet ...?

In der Lebensdimension nach dem Tode dauert ein Tag 1000 Erdenjahre, der Koran beschreibt dies folgendermaßen:

„Aus der Sicht deines Rabbs ist ein Tag wie eintausend Jahre (der Erde)." **(22:47)**

* * *

„Sie werden untereinander sagen: „Ihr habt (in der Welt) **nur**

für zehn Stunden verweilt." (20:103)

* * *

Aber vielleicht wird alleine **das bewusste Leben im Grab** Millionen und Abermillionen von Jahren andauern. **Der Weg über die Brücke zum Paradies wird alleine 3000 Jahre andauern ...,** wie der Rasulallah Mohammed (Friede sei mit ihm) berichtet.

3000 Jahre, von denen ein Tag so lange wie 1000 Erdenjahre ist ...!

Ja, der Weg über die Brücke ins Paradies, den die frei gewordenen Seelen am Auferstehungstag beginnen, um sich vor der Anziehungskraft der Sonne befreiend ins Paradies zu gelangen, wird eine solch lange Zeit andauern ...! Diese 3000 Jahre, was für eine Dimension ...! Und unsere Zeitrechnung wird ganz aufgehoben werden ...!

* * *

Wieviel Zeit wird noch bis zum Jüngsten Tag vergehen? Wie viele Jahrmillionen oder Jahrmilliarden wird das bewusste Leben derjenigen, die den Tod gekostet haben, im Grab andauern ...?

Wieviele Jahrmilliarden wird es dauern, bis die Erde durch die Hitze der Hölle schmilzt und flach wie ein Tablett wird ...?

Und wieviele hundert Millionen Jahre wird die Flucht der darauf versammelten Menschen über die Brücke ins Paradies dauern ...?

Und endlich, wie viele Millionen und Abermillionen von Jahren wird das Ewige Leben umschließen ...?

Überlegen Sie, alle diese Phasen müssen wir alleine durchleben.

Eine Zeitspanne, die Milliarden von Jahren erreichen wird, werden wir **lebendig und voll bewusst im Grab gefangen sein**, Sie werden beobachten können, wie die Tiere ihren Körper auffressen ...

Außerdem werden Sie den schmerzlichen Verlust all jener Dinge erleben, die Ihnen auf der Erde lieb und teuer waren ... und dies ist eine Qual, die bis zum Jüngsten Tag andauern wird ...!

Und Sie werden schon vorher mit ansehen, was am Jüngsten Tag auf Sie zukommen wird ...!

159

Das ist nur die Seite, die Sie im Grab erwartet ... Auf die darauffolgenden Stufen möchte ich hier nicht eingehen. Derjenige, welcher den Wunsch verspürt, sich über die nachfolgenden Abschnitte zu informieren, kann in den Büchern der Überlieferung (Hadith-Büchern) mehr darüber erfahren.

Das bedeutet, der Mensch bereitet durch seine Handlungen auf dieser Welt seine Geschicke der Zukunft vor ...! Entweder wir halten uns diese Tatsache vor Augen und richten unser weltliches Leben bewusst danach ein, indem wir unser Denksystem und unser Leben danach richten oder wir lassen dies alles links liegen und vergeuden unser Leben mit den Freuden und Schmerzen dieser Welt ...

Und dieses Letztere kann nur den einen Grund haben, nämlich dass wir Allah, so wie ihn Sein Rasul Mohammed (FsmI) erläutert hat, nicht verstanden haben.

Wenn wir uns aber aufrichtig auf das Leben nach dem Tod vorbereiten wollen, dann müssen wir die Sache bei Allah beginnen und vor allem lernen, was der Begriff Allah meint ...! Der allgemein verbreitete Zustand, den Gott seiner Vorstellung Allah zu nennen, ist das Fundament, welches Auslöser aller falschen Handlungen ist.

„Hast du denjenigen gesehen, der sein eigenes Begehren (körperliche Beschaffenheit, köperliche Impulse – Irreführung) **zu seinem Gott erkoren hat ...?" (25:43)**

Wenn ein durch Nachahmung angenommener Gott den Grundstein zu unserem Religionsverständnis bildet, so führt das zumeist zu Auflehnung oder Ablehnung und den Verfall in eine falsche Religionshaltung und im Endeffekt geben wir einfach alles auf.

Doch wenn wir die Bedeutung der Einheit Allahs verstehen können, begreifen, dass es keinen Gott im Himmel gibt und einsehen, dass ein jeder den Lohn für seine Handlungen erhält, dann wird sich unweigerlich unser ganzes Leben ändern ...!

Bevor ich nun dieses Buch beende, in dem ich von der Einheit Allahs und den daraus resultierenden Ergebnissen berichtet habe, möchte ich kurz noch ein Thema anschneiden.

28

DIE EINHEIT DER EXISTENZ (Wahdat-i-Wudjud) ODER BEZEUGUNG DER EINHEIT (Wahdat-i-Schuhud)?

Wenn das Thema auf die **Einheit der Existenz** oder die **Bezeugung der Einheit** kam, haben sich die islamischen Gelehrten von Zeit zu Zeit auf große Diskussionen eingelassen ...

Alle Awliya sind sich beim Thema der **Einheit Allahs** einig ...

Sogar **Ubeydullah Akhrar** vom Orden der **Nakschibandi** sagte:

„Die Absicht des Sufismus ist das Thema der Existenz" und meinte damit, dass alle Handlungen des **Sufismus** darauf hinauslaufen, die **Einheit Allahs** zu erkennen.

Die Annahme, dass es zwei unterschiedliche Wege gibt, diese Einheit zu erkennen, hat leider zu einer Spaltung der Unsachkundigen dieses Themas geführt; auch die Sachkundigen beurteilen dieses Thema gemäß dem Rang und dem Zustand, den sie erreicht haben.

Das von dem **Rasulallah Mohammed** (saw) zum Thema der **Einheit Allahs** verkündete Wissen breitete sich wellenförmig von **Hz. Ali** und **Hz. Abû Bakir** an die nachfolgenden „Meister der Einheit" aus und wurde schließlich von **Imam GHAZALI** und **Muhiddin A'rabî** als Verständnis der Einheit unter der „Einheit der Existenz" (Wahdet-i-Wudjud) schematisiert ...

Allerdings führte falsches Verstehen „der Einheit" mit der Zeit zu falschen Interpretationen z. B. in dieser Form:

„Allah ist das Vorhandene; Allah ist die Summe aller Existenzen, die du sehen kannst"

und bildet damit eine weit von der Wahrheit entfernte Auslegung ...!

* * *

Daraufhin wurde das Thema 1000 Jahre nach dem Hidjret des Rasulallahs von **Ahmed Faruk Sarhandi** neu aufgenommen und die Wahrheit der „Einheit der Existenz" von dem materiellen Aspekt **„alles Existierende ist Allah"** befreit und zu folgender Aussage geformt:

„Es existiert ausschließlich Allah, alles andere ist höchstens sein Schatten".

Nichts besitzt einen eigenen, speziellen Körper ...

Wenn man dies noch etwas auslegen will ...

Die Ansicht der Einheit Allahs, welche gemäß dem **Koran** und unzähligen **Überlieferungen** vertreten wird, besagt, dass alles, was **existiert,** in Wahrheit nichts anderes als **die Gestalt des Einzigen, Wahrhaftigen** ist ...!

Es gibt überhaupt nur eine Existenz ...!

Allerdings bringt diese **eine Existenz** jeden Augenblick eine neue äußere Gestalt, verbunden mit einer neuen Erscheinungsform seiner Besonderheiten, hervor.

In der Welt der Wesen regiert ein **einziges Wissen**, ein **einziger Wille**, eine **einzige Allmacht** und eine **einzige Existenz ...!**

Es gibt keine zwei Existenzen in Form eines Wesens Allahs und daneben der Existenz eines Kosmos ...!

Der Grund für die Annahme der Vielfalt liegt darin, dass alle geistigen Wesen so erschaffen sind, dass ihnen „ihr Selbst" verschleiert ist, damit sie ihren Schöpfungsauftrag erfüllen können ...!

Wäre bei den geistigen Wesen keine derartige Verschleierung vorhanden, dann wäre sich jedes intelligente Wesen seines eigenen „Daseins", seines Kernpunktes, bewusst und es hätten sich viele Existenzen der vielfältigen Ansicht und der Lebensvielfalt nicht bilden können.

Nachdem die „Einheit der Existenz" über Jahrhunderte hinweg eine derartige Wahrheit darstellte, interpretierte zu Anfang des 1000. Jahres des Hidjret der unter dem Namen **Imam-i Rabbanî** bekannte **Ahmet Faruk Sarhandi** dieses Thema neu ...

Es gibt eine einzige Existenz, allerdings ... bilden sich alle Wesen, die wir sehen können und kennen, aus ihrem Schatten ...!

Mit dem Wort „**DHILL**" (Schatten), was **Sarhandi** hier benutzt, möchte er eigentlich ausdrücken, dass die **sichtbaren Wesen** in Bezug auf die **eigentliche Existenz** nur **Schatten** und **Fantasie** sind ...

Die eigentliche Existenz ist frei und erhaben über eine Verkörperung ...!

So haben wir vorhin bei der Erläuterung der **IKHLAS** Sure betont, dass **Allah Ahad** ist, von **seiner Existenz her einzig**, so dass eine Überlegung darüber unnötig ist ...!

Aus diesem Grunde warnte auch der Rasulallah Mohammed die Kompetenten dieses Themas folgendermaßen:

Denkt nicht über die Essenz Allahs nach (*A. d. Ü: wie Allah mit sich selbst ist*) ...!

Wir sollten diese Weisung nicht falsch verstehen ...! Er meint damit, man kann darüber nachdenken, aber ihr sollt es nicht tun ...!

Solche Überlegungen sind unmöglich ...!

Bei derartigen Überlegungen werden wir gewiss das Ziel verfehlen und uns im Endeffekt an einem falschen Punkt wiederfinden ...! Deshalb warnt er uns davor, unsere Zeit mit solch unmöglichen Überlegungen zu verschwenden!

Warum diese Überlegung nicht möglich ist, können wir sehr vereinfacht mit einem Beispiel erklären ...

Sie besitzen sehr viele Eigenschaften, die man mit verschiedenen Namen benennt ... Von wem stammen diese Eigenschaften ...? Natürlich von Ihnen ...! Gut, und wer sind Sie ...? Ein lebendiges, bewusstes, denkendes Wesen, welches seine Wünsche in Tatkraft umsetzt, also aus dem Gedanken heraus zur Handlung schreitet ...! Auch gut, und wer ist der Besitzer dieser Eigenschaften ...? Sie werden mit „Ich" antworten ... Aber was ist das „Ich" ...?

Eben an diesem Punkt müssen Sie zurückkehren, ob Sie wollen oder nicht ...! So wie ein Gegenstand, der an einem Gummiband befestigt ist, wenn man ihn wegschleudert sich zunächst, soweit die Elastizität des Bandes es zulässt, entfernt, um dann an seinen Ausgangspunkt zurückzukehren.

So müssen Sie nach dem „Ich", welches Sie mit verschiedenen Eigenschaften beschreiben, wieder zu dem Ursprung dieser Eigenschaften zurückkehren.

Denn immer wenn Sie die Existenz, die Sie mit „Ich" bezeichnen, zu beschreiben beginnen, müssen Sie diese mit immer neuen Eigenarten oder Zwecken beschreiben und dieser Zustand wird in der Sprache des Sufismus als Rückkehr von dem Grad der Existenz zu dem Grad der Eigenschaften bezeichnet.

Darum ist es unnötig, über die Essenz von Allah nachzudenken!

Aus diesem Grunde bezeugt Allah, der einzig ist, die Tatsache, dass außer ihm kein Wesen existiert, selbst ...

„Schahidallahu anna Hu la ilahe illa Hu wa malaikatu wa ulul ilmi ..." (3:18),

„Allah selbst bezeugt, dass es keinen Gott gibt, ausschließlich „HU" (Er) **existiert und** (so auch) **die Kräfte** (Potenziale) **Seiner Namen** (Engel) **und diejenigen, die Wissen haben** (diejenigen, die Wissen manifestieren) **..."** (3:18)

Hier ist ein Punkt, den wir ganz besonders betonen möchten ...!

Es ist ein vollkommen falscher Weg, zuerst die Wesen, die

Existenz, den Kosmos, das Weltall zu erforschen, um daraufhin **Allah** erkennen zu können ...!

Dieser Weg „vom Geschöpf zu seinem Schöpfer", wie die Alten sagten, ist ein überaus langer und verschlungener Weg, der gefährlich ist und einem Labyrinth gleicht ...!

Wer sich auf diesen Weg wagt, kann sich kaum mehr von ihm befreien!

Die Worte Allahs haben kein Ende ...!

Die mit den Namen Allahs beschriebenen Eigenschaften sind endlos ...!

Die Genesen, die sich aus der Betrachtung dieser Eigenschaften entwickeln, sind unendlich ...!

Als Folgerung ergibt sich daraus, dass die Welten kein Ende haben ...!

Die Annahme eines Endes der Welten ist relativ zur Entscheidung der Existenz ...!

Das Wissen über eine äußere Erscheinung und den inneren Kern reichen nicht aus, die Wahrheit zu erfassen und nach ihr zu leben ...

Das Wissen über die äußere Erscheinung sind **Wissenschaften**, die an unsere fünf Wahrnehmungssinne gekoppelt sind, auch die Wissenschaft der Symbolik zählt zu diesem Wissen; das Wissen über den Inneren Kern ist eine Wissenschaft jenseits unserer fünf Sinne, gefühlsmäßige Wahrnehmung und Verbindung zur geistigen Welt zählen zu dieser Sparte. **Aber sie reicht nicht aus, um nach der Wahrheit zu leben und Allah zu erkennen ...!**

Nach der Wahrheit zu leben ist nur durch „Ilmi Ladun" (das Wissen mit der Sichtweise Allahs zu betrachten) möglich ...!

Denn die Verifikation „der Eigenschaften Allahs" ist nur mit dem „Ilmi Ladun" möglich ...!

Wenn wir es in der Sprache des Sufismus ausdrücken wollen:

Das Hauptziel ist die eigene Erkenntnis über das Dasein, über das Selbst, in der Dimension der Namen, in der Dimension der Eigenschaften und in der Dimension der Existenz; und dies ist nur möglich, wenn man den Zielpunkt kennt und vor Augen hat und dementsprechend lebt.

Deshalb besteht das erste Ziel darin, zu erfahren, was Allah ist und dieses auch zu verstehen ...!

Der Weg wird außerordentlich abgekürzt, wenn man ihn bei Allah beginnt, mit Allah begeht und sich zu Allah führen lässt ...!

Daraus lässt sich die Schlussfolgerung ziehen, dass es nicht unser Hauptziel ist, durch die Erkenntnis der Welten Allah zu erreichen, sondern durch die Erkenntnis desjenigen, der Allah genannt wird, die Welten zu betrachten MIT SEINER SICHTWEISE *(A. d. Ü.: das berühmte Koran-Schlüsselwort „Ind Allah")*!

Sonst werden wir unser ganzes Leben in den Welten zubringen und am Ende die Hindernisse nicht bewältigen können und als „Verschleierte" aus diesem Weltenleben scheiden ...!

Möge es uns nach Allahs Führung beschieden sein, stets im Nachdenken zu leben, uns aus den Vermutungen und Konditionierungen zu befreien, die Wahrheit zu erfassen und die Wirklichkeit Allahs und seine Eigenschaften zu realisieren.

AHMED HULUSI
14. Sept. 1989
ANTALYA

ÜBER DEN AUTOR

Ahmed Hulusi ist ein zeitgenössischer islamischer Philosoph (geboren am 21. Januar 1945 in Istanbul, Türkei). Von 1965 bis zum heutigen Tage hat er an die 30 Bücher geschrieben. Seine Bücher basieren auf der Weisheit des Sufismus und erklären den Islam anhand von wissenschaftlichen Prinzipien. Er glaubt, dass das Wissen um Allah nur rechtmäßig geteilt werden kann, indem man es gibt, ohne irgendetwas zu erwarten. Und das hat dazu geführt, dass er sein ganzes Werk, welches Bücher, Artikel und Videos umfasst, kostenlos auf seiner Webseite zur Verfügung stellt. 1970 fing er an, die Kunst „Geister zu beschwören" zu erforschen und stellte diese parallel zu den Hinweisen im Koran (rauchloses Feuer und Feuer, welches durch Poren dringt). Er fand heraus, dass diese Hinweise tatsächlich auf „strahlende Energie" hindeuteten, was ihn veranlasst hat, das Buch „Seele, Mensch, Djinn" zu schreiben, während er als Journalist für die Aksam-Zeitung in der Türkei arbeitete. Im Jahre 1985 war das Buch „Der Mensch und seine Geheimnisse" (Insan ve Sirlari) Ahmed Hulusis erster Versuch, die Metaphern und Parabeln des Korans anhand von wissenschaftlichen Erkenntnissen zu entschlüsseln. 1991 veröffentlichte er das Buch „Die Kraft des Gebets" (Dua ve Zikir), in dem er erklärt, wie Wiederholungen von bestimmten Gebeten und Wörtern zu einer erhöhten Kapazität des Gehirns führen und so erkannt wird, dass die göttlichen Attribute unserer Essenz innewohnen. Im Jahre 2009 hat er seine letzte Arbeit veröffentlicht, nämlich eine Interpretation des Korans aus der Sufi-Perspektive heraus, welche das Verständnis von renommierten Sufi-Meistern wie Abdulkarim Djili, Abdulkadir Djailani, Muhyddin ibn Arabi, Imam Rabbani, Ahmed Rufai, Imam Ghazali und Razi widerspiegelt. Sie alle haben die mit Parabeln und Metaphern verschlossene Botschaft des Korans immer mit dem geheimen Schlüssel des Buchstabens „B" geöffnet.

www.ingramcontent.com/pod-product-compliance
Lightning Source LLC
Chambersburg PA
CBHW031957040426
42448CB00006B/393